全球化與反全球化

作者：David Held and Anthony McGrew

譯者：林祐聖・葉欣怡

U0067066

弘智文化事業有限公司

Globalization
and
Anti-Globalization

David Held and Anthony McGrew

Copyright © by David Held and Anthony McGrew

All RIGHTS RESERVED

No parts of this book may be reproduced or
transmitted in any form or by any means,
electronic or mechanical, including photocopying,
recording, or any information storage and
retrieval system, without permission, in writing,
from the publisher.

Chinese edition copyright © 2005
By Hurng-Chih Book Co.,LTD.
for sales in W orldwide

ISBN 957-0453-89-3

Printed in Taiwan, Republic of China

目錄

圖表目次

圖表目次

圖目次

表目次

導言

　　全球化／反全球化一書探討我們這個時代最為根本的幾個爭論之一。也就是，我們所居住的世界究竟受到全球各種力量與過程—簡而言之，也就是所謂的「全球化」—的影響有多廣泛，及其程度深淺為何。

　　本書區分了全球化與反全球化這兩個不同概念的辭彙。在本書的最開端，我們探討全球化究竟是否正在發生，且試圖以那些認為全球化的確正在發生者—我們稱這群人為全球化者 (globalizers) —與那些認為一切有關全球化的論述不過是言過其實說法的反對者之間的學術爭論揭開序幕。我們將第二群人稱為反全球化者 (anti-globalizers) ，或比較客氣的稱謂是，懷疑主義者

(sceptics)。本書也探討當代的全球化政治，以擁護全球
化政治與對抗全球化政治來界定關鍵的政治位置。我們
也深入說明在華盛頓、西雅圖、熱那亞、波多黎各、以
及其他地方諸多與全球化有關的複雜政治。正如同大眾
傳媒所賦予的典型定義，這些討論涵蓋與全球化與反全
球化論辯的類似意涵。

在本書的第一章內，我們釐清全球化的概念，至於
第二章至第七章中，我們則檢視了數個主宰公共與學術
論辯核心範疇的例子，並同時關切支持與反對全球化的
例證：國家的角色、民族文化的命運、世界經濟的本
質、全球治理的角色、全球不平等的情況、以及政治社
群與全球秩序道德基礎。第八章則首先界定出全球化政
治回應的範圍，並解釋其危機所在，以及本議題的重要
性所在。在本書的最末章，也就是第九章中，我們對這
些所有的議題提出了暫時性的評斷。換言之，我們企圖
評估全球化者與懷疑主義者之間的論戰，以及全球化政
治所引發的相關問題。我們同時以理論性與政治性的角
度來描摹未來可能的前景。當然，我們並不奢望所有與
這些核心論述有關的陣營都能夠同意我們的說法。但至
少我們希望能夠指出的確有一種超越全球化或反全球化

兩極的提問方式能夠被選擇。

本書以過去十幾年來與全球化議題有關的思想學派與文獻爲素材，但我們也嘗試做一些革新的體現：我們希望能夠扼要並簡潔的陳述在此一領域中的關鍵問題，以及這些問題是如何被強調的(我們以往的研究成果總是以數百頁的篇幅呈現：參考《全球轉變》(Global Transformations)，《全球轉變讀本》(The Global Transformations Reader) 以及《治理全球化》(Governing Globalization)。)本書是以一篇散文揭開序幕，也就是曾刊載於《全球轉變讀本》一書的〈全球化大論辯〉(The great globalization debate)。我們針對該文進行了一些更新，並做了部份延伸與大幅的修訂以形成本書的基礎。我們想要感謝鼓勵我們撰寫此書的湯普森(John Thompson)；大力協助本書出版準備工作的波普(Sue Pope) 和席蒙德 (Avril Symonds)；以及在本書製作與行銷各階段均投入極大心力與專業能力的默特里(Gill Motley)、拜亞特 (Sandra Byatt)、寶妮 (Ann Bone)、懷克 (Ali Wyke) 和麗狄亞德 (Jenny Liddiard)。

第一章

理解全球化

　　全球化,簡而言之,就是跨越洲際的流動與社會互動模式的影響範圍擴大,影響程度的加劇、加速與更加深入。它代表著連結遠距社群的人類組織結構所產生的改變或轉化,並使得跨越全球各區域與大陸的權力關係觸角更加延伸。但我們卻不應該貿然地將此解讀為和諧世界社會誕生的雛形,或者將其等同於全球整合的普同過程,並誤認為所有的文化與文明都將逐步靠攏。之所以這麼說,是因為人們已經留意到逐漸增加的相互連結性(interconnectedness),實際上創造出更多的失序與衝突,此外它也可能有助於反動政治與對於外國人根深柢固的無理仇視。由於全球人口絕大多數都被排除於全球

化所帶來的好處之外，因此它造就的是一種深刻的紛
歧，且逐漸地會帶來劇烈的互競過程。全球化的不對稱
(unevenness) 發展使得全球化所帶來的絕非是能夠讓全
球利益均霑的普同過程。

　　儘管全球化一辭已經成為眾所皆知的陳腔濫調，但
它卻從來都不是全新的概念。全球化的起源來自於許多
十九世紀與二十世紀早期知識份子，從馬克思和像是聖
西蒙 (Sanit-Simon) 等社會學家，到諸如像是指出現代
性如何整合世界的地理政治學家，如麥金德
(MacKinder) 等人的作品中均有相關討論。但直到一九
六零年代和一九七零年代早期，「全球化」一辭才獲得
學術界的重視，並更為廣泛的流通。西方國家之間由迅
速提升的政治與經濟互賴所帶來「黃金年代」，意味著
古典思維對於政治、經濟與文化想像的不恰當，因為過
去的理論多半恪守著內部與外部事務、國內與國際範疇
以及地區與全球的狹隘分野。在一個更為互賴的世界
內，發生於國外世界的事件很快地便會對於國內造成影
響，而國內的發展也會對於國外帶來效應。隨著國家社
會主義的崩潰與全球資本主義的統合，公眾對於全球化
的認知也於一九九零年代戲劇性的提升。由於適逢資訊

革命的開展，這些發展看來堅定了一個信念，就是世界正快速地成為一個共享的社會與經濟空間—至少對於全球化下那些最為富裕的居民而言是如此。然而，全球化的概念卻蘊含著眾多的矛盾性：不只是在現實生活中如此，在學術界也有這樣的情況。簡而言之，這也就是諸多全球化論辯之所以存在的原因。

　　在學術圈中，沒有任何一個單一的全球化論述能夠取得正統的地位。相反的，所有理論都彼此競爭以搶奪主導龍頭的地位。既存的保守主義、自由主義和社會主義等政治傳統，也無法對於全球化時代提供統整的論述或做出回應。儘管某些保守主義者和社會主義者分享將全球化的重要性忽略不談的共通基礎，許多他們的同伴仍認為全球化對於價值觀與傳統的保存來說，無疑是一大挑戰。實際上，全球化概念的浮現，根本上就是要打破既有的典範和政治思潮傳統，創造嶄新的政治組合。

　　然而，若切割這樣的複雜性會發現，在那些認為當代全球化是一種實際且深刻的轉型過程者，也就是所謂全球化者的觀點，與那些認為這類診斷言過其實，並使得我們疏忽了那些形塑今日社會與政治選擇的真實力量者，也就是所謂懷疑主義者的觀點之間，我們仍能夠輕

易地發現兩者間論述的差異正逐漸成形。當然地,這種雙元 (dualism) 分類是過於粗糙的作法,因為它是從許多紛雜的論述和觀點中,將兩種衝突的詮釋提煉出來。不管如何,必須要提醒的是,當我們在本書中提到標籤時——亦即全球化者與懷疑主義者,均是某種理念型 (ideal-type) 的建構。理念型是一種詮釋性工具,它的目的在於將某個問題範圍予以秩序化,並將重要的共識範疇與爭論範疇區辨出來。這樣的作法有助於釐清爭論的主軸,也因此有益於建立爭論的核心焦點。理念型提供了一種便捷的途徑讓我們得以貼近各種混亂的聲音,也就是那些埋藏在全球化諸多文獻當中,但其定義卻並非是單一研究、作者或意識形態位置所能涵蓋的觀點。就本質而言,理念型可以被視為某種理解複雜全球化爭論的起始點,而非終點。

全球化迷思

對於懷疑主義者而言,全球化這個概念是差強人意的。他們質問道,何謂全球化中所謂的「全球」(Hirst, 1997)?倘使全球的意涵無法按照字面加以詮釋,也就

是作爲一種普遍的現象，那麼全球化的意義似乎也不過就是西方化 (Westernization) 或美國化 (Americanization) 的同義辭罷了。

　　在質疑全球化的概念時，懷疑主義者逐漸傾向對於全球化論點建立起一套結論性的實證檢驗。這就牽涉到去評估當代的幾波浪潮，和過去諸多經濟歷史學家們曾經主張的跨國互賴好時代 (belle epoque，譯按：指第一次世界大戰前法國當時歌舞昇平的景況) ，換言之也就是自一八九零年至一九一四年間的時期究竟有何差異 (Gordon, 1988；Jones, 1995；Hirst, 1997)。這類的分析所呈現的事實是，有別於全球化，當前浪潮反應的是「跨國化」(internationalization ，意即本質上斷裂的國家經濟或社會之間連結的逐步增加) 以及 「區域化」(regionalization) 或「三元化」(triadization) ，跨越疆界的經濟與社會交換產生地理上的匯集 (Ruigrok and Tulder, 1995；G. Thompson, 1998a；Weiss, 1998；Hirst and Thompson, 1999；Rugman, 2001)。某些研究則進一步指出，相較於以往的好時代，隨著全球帝國讓位給民族國家，世界已經歷經了經濟、政治與文化層面的「內爆」(implode) ，儘管世界的大多數人口仍被排除在經濟

發展的成就之外 (Hoogvelt, 2001)。這樣的論點解釋了
在當代的世界秩序中,領土、疆界、地方與國家政府在
權力、生產與財富的分配與選定位置上仍具備持續重要
影響力的原因。我們可以清楚地觀察到在全球化的廣泛
論述,與在某個絕大多數地點,其日常生活的規則是由
國家與地方脈絡所主宰的世界之間,的確存在著一道清
晰的裂縫。

不同於提供觀點以釐清形塑當代世界秩序的力量究
竟為何,許多懷疑主義者認為全球化概念所體現的是一
個更為不同的功能。根本上來說,全球化的論述有助於
正當化與合法化新自由主義的全球規劃,意即在世界最
主要的經濟區域中打造一個全球自由市場,及英美式資
本主義的統合 (Callinicos 等人, 1994;Gordon, 1988;
Hirst, 1997;Hoogvelt, 1997)。在這樣的觀點中,全球
化意識形態的作用便等同於某種「必要的迷思」
(necessary myth),透過這樣的意識型態,政治家與政府
們便能夠訓誡他們的公民去符合全球市場的需求。因
此,我們一點都無須訝異,全球化的爭論伴隨著新自由
主義計畫——去管制、私有化、結構調整計畫 (SAPs) 以
及有限政府的華盛頓共識——在重要的西方資本家間,以

及像是國際貨幣基金 (International Monetary Fund, IMF)
等全球制度內站穩腳步後，成為廣泛的現象。

　　讓這種質疑論點更具說服力的是，正統的馬克思分
析宣稱資本主義作為一種社會秩序，蘊含著某種病態的
擴張邏輯，這是因為想要維繫利益，則資本家便必須持
續地去剝削新市場。為了要存活下去，國家資本主義必
須持續地擴張資本主義社會關係的地理版圖。現代世界
秩序的歷史可以被視為西方資本主義強權們瓜分利益的
歷史，並重新將世界切割成為數個排外的經濟領域。有
些論者指出，今日的帝國主義是以一種嶄新的模式出
現，因為正統帝國已經被多邊控制與監督的全新機制所
取代，例如頂尖工業強權的七大工業國 (G7，加拿大、
法國、德國、義大利、日本、英國與美國) 以及世界銀
行 (World Bank) 均在此列。也正是因為這樣的情況，
許多馬克思主義者認為當前的新時代並無法以全球化的
語彙加以描述，反而是一種西方帝國主義的新樣態，並
受到世界主要資本主義國家的金融資本的需求與要求所
主宰 (Petras and Veltmeyer, 2001)。

　　對許多抱持著懷疑觀點的論者而言，地理政治同樣
也是重要的。因為既存的國際政治秩序主要是透過經濟

與軍事上稱霸一方的強權國家 (及它們的組織) 的行動
所構成。循此,論者認爲經濟或政治關係的國際化,只
不過是幾個霸權當時政策與偏好的偶合產物,因爲唯有
它們具備足夠的軍事和經濟力量去創造與維繫讓一個開
放 (自由) 的國際秩序得以存在的必要條件 (Waltz, 1979)
。因此,按照這樣的說法,倘使沒有美國霸權的運作,
那麼支撐著晚近國際互賴密集化的既存自由世界秩序則
無法維繫 (Gilpin, 1987)。在這樣的觀點內,全球化被理
解爲幾乎與美國化無異的現象。

全球化論者的回應

　　全球化論者駁斥全球化只是美國化或西方帝國主義
同義辭的論述。儘管他們並不否認全球化的論述可以爲
西方的強權經濟和社會力量的利益提供完備的服務,但
全球化論者的解釋強調全球化概念所傳遞的是現代社會
組織內更爲深刻的結構轉變。有別於其他的發展,這種
轉變發生的證據在於多國企業 (MNCs) 和世界金融市場
的成長、大眾文化的擴散以及全球環境的顯著惡化。

　　這種全球化論者的核心概念是一種對於全球化空間

特質的強調。為了要試著從那些其他空間結構的運作中，將全球網絡和系統區辨出來，全球化論者的分析將全球化主要界定為在跨區域或跨洲層次活躍的活動和關係 (Geyer and Bright, 1995；Castells, 1996；Dicken, 1998)。這就導致對於全球化過程和區域化與本土化過程更為精確的差別分析，也就是說，分別看待地理上鄰近接壤國家之間的關係網絡，以及國家內部社會關係的群聚化 (Dicken, 1998)。在這樣的意義下，全球化和這些社會組織的其他層級之間的關係，並不能夠刻板地以階層化或是互斥的辭彙來進行理解。相反地，不同層級之間的關係具備了易變與動態的特質。

　　替全球化概念建立一個更為系統化描述想法的企圖，還因為歷史特殊性的緣故而得到進一步的補強。這就牽涉到將當代全球化擺放至法國歷史學家布勞岱爾所謂「長時段」(longue duree) 的觀點——亦即，極為長時段的世俗歷史變遷模式 (Helleiner, 1997)。隨著前現代世界宗教的存在獲得證實，全球化便不僅只是現代時期的現象。想要理解當代全球化就必須將它擺放在世界歷史發展世俗潮流的脈絡中 (Modelski, 1972；Hodgson, 1993；R. P. Clark, 1997；Frank, 1998)。誠如全球化論

者詮釋中所察覺到的，那樣的發展在特定數個階段內格外顯眼，從發現新大陸的時期到第一次世界大戰前的好時代 (belle epoque)，乃至於內戰時期均在此列，在這幾個時期內，我們會察覺到全球化的腳步急遽加速，或，恰好與此相反，有時則面臨遲緩或逆轉的處境 (Fernandez-Armesto, 1995；Geyer and Bright, 1995)。要理解當代全球化就必須試著描繪出是什麼構成了這些斷裂階段之間的差異，包括這類全球化連結性的系統和模式是如何被加以組織和複製，它們不同的地理樣態，以及權力關係持續轉變的結構。正是因為如此，全球化論者的解釋將全球化概念大幅延伸，以便能夠擁抱殊異歷史模式的想法。這就需要能夠去檢驗全球化究竟如何歷經多種模式的轉變，同時也必須回答目前的全球化階段具備何種特殊性。

在這種全球化詮釋的核心，是認定全球化轉變的概念必定涉及社會生活與世界秩序組織原則的顯著轉型。我們可以在全球化的文獻中尋獲三種面向的關切：那就是傳統社會經濟組織模式的轉變，土地原則的轉變以及權力的轉變。透過對於社會互動模式之空間與時間限制的突破，全球化為即時的全球生產網絡、恐怖份子網絡

和管理政權，創造了跨國社會組織新模式的可能性。與此同時，全球化也使得特殊地點的社群容易受到全球形勢或發展的傷害，最著名的例子便是發生於兩零零一年的九一一事件，以及隨後發生的示威事件。

　　當同時轉變了社會互動與組織的脈絡和條件時，全球化也造成了領土、社會經濟與政治空間之間關係的重新排序。簡而言之，當經濟、社會和政治活動逐漸凌駕於區域和國家疆界之上，原本用以支撐現代國家的領土原則便面臨嚴峻的挑戰。那樣的原則預先設定了一個直接的關係，即社會、經濟體和政治體需對應於排外和有限的國家領土。但全球化則使得這樣的對應關係崩解，也就是說社會、經濟與政治活動將不再被理解為處於同一國家領土界線內部活動。這並非意味著領土和位置正變得無關緊要，而是表示在當代全球化的情境內，隨著全新全球區域和全球城市的出現，領土和位置都被賦予新的意涵與重構 (Castells, 1996；Dicken, 1998)。

　　在全球化論者論述的核心內包含著對於權力的關切，其中包括全球化的手段、結構、分配與衝擊。全球化被用來體現一個規模正逐漸擴展的場域，在此間，權力被組織和操弄。在這樣的概念內，世界各領域內部與

彼此之間的權力關係都必須被重新界定，更是因爲如此，權力的關鍵地和那些臣屬於其下的地點往往相隔遙遠。承襲詹明信 (Jameson) 的說法，在當代全球化的情境底下，眞正的權力不再座落於它被立即體驗的地點 (Jameson, 1991)。誠如在探討其對於政治和民族國家意涵時所證實的，權力關係如今被深刻地鑲嵌於全球化的動態內。

第二章

政治權力的重構

當代的社會生活和現代國家息息相關,後者界定了
近乎所有人類活動類型的恰當形式。國家顯得無所不
在,規範著人民生活從出生登記到死亡證明的所有情
境。從人民日常活動的管訓到教育的提供與健康照護的
推廣,國家權力的穩定擴展顯然並未引起任何質疑。就
量化數據看來,從預算的成長到管轄範圍的增加,國家
的成長可以說是上個世紀少數難以抵抗的事實之一。若
就許多政治權力的基本判準觀之(舉例而言,提高稅收
與其他各項收入的能力,製造有重大毀滅性武器的能
力),至少對OECD世界絕大多數的國家而言(即屬於
經濟合作與發展組織的國家),國家的權力就算未比過

去來得強大，至少也未顯遜色 (Mann, 1997)。抱持懷疑觀點的論者對此進行深入探討，他們同時也對於現代國家普遍興起與支配的發展充滿興趣。在我們檢視不同的全球化論述之前，有必要對此立場進行一番探究，尤其是去理解這當中對於政治權力形式和組織的諸多意涵。

現代國家的組成和統治

期望現代國家能夠扮演全知全能角色的要求，在人類歷史中，甚至在其發源地的西歐而言，均是相對新穎的發展。舉例而言，在數千年前，英國村莊的居民對於村落以外的生活處境幾乎一無所知；村莊幾乎可以說是他們世界的起點，甚至更實際的說來是他們的一切。村民或許曾經拜訪鄰近的市集，但卻對於前往更遠的地方探索裹足不前。儘管村民們可能很少有機會能夠親眼見到國王，但他們或許耳聞過國王的名號，村民通常是和教會的代表有更頻繁的接觸，而鮮少與任何「政治」或軍事的領導者互動 (Lacey and Danziger, 1999)。而當五百年後專制與君主立憲政體這兩種政治體制模式，開始橫跨歐陸逐漸成形之際，由於政治所有權與管轄權的重

的基石，才成為現代國際秩序的核心原則 (參見 Crawford and Marks, 1998)。當然，弔詭的是，要在全世界鞏固這樣的秩序，則必須等到其最早的倡導者，也就是歐洲強權的殞落，以及第二次世界大戰後去殖民化的正式過程完成後才能實現。但是嚴格說來，直到二十世紀晚期，現代國家間的國際秩序才真正的落實到全球；因為唯有在所有強大帝國的終結時─歐洲、美國以及最終的蘇聯─許多人才好不容易能夠以獨立政治社群的身分加入國家社會。國際性承認的國家數在一九四五年與一九九零年代間增加了兩倍之多，今日則有超過一百九十個國家 (www.state.gov，2002年5月的統計數字)。二十世紀末期時，現代民族國家系統達到最高峰，而這個系統是受到新國際統合與合作多邊模式擴散的支持與奧援，例如像是聯合國這種國際組織，以及像是全球人權體制這種新國際規範機制。

現代民族國家不僅成為跨越全球的政治統治的基本類型，由於去殖民化與蘇聯帝國的瓦解，它也逐漸被假設為特殊的政治模式；換句話說，它具體化為代議或自由民主 (Potter et al., 1997)。許多重大的民主化浪潮衝擊著歐洲幾個特定國家，例如葡萄牙和西班牙，並將這些

國家帶往民主的河岸，同時也讓拉丁美洲、亞洲、非洲和東歐的許多其他國家更貼近民主。當然，這並不意味著有一條通往鞏固自由民主的必然演化途徑；這條道路荊棘密佈並危機四伏—在不同的政治社群中施行自由民主仍舊是試驗性的任務，並隨時接受嚴酷的挑戰。

　　研究二十一世紀開端的政治光景時，質疑者認為有許多好理由可以將這段時期視為現代國家的時代。因為在許多地方，國家都逐漸坐擁合法使用暴力和司法規範的壟斷權，並建立永久軍力以作為展現其國家地位的符號，同時也以此作為確保國家安全的工具，穩定的稅收與重分配機制，完備的全國通訊設施，也試圖系統化國家或官方語言，提升國民的知能水準並打造國家的教育系統，散播國家認同的理念，建立起一系列多元的國家政治、經濟與文化制度。更有甚者，許多國家，無論是西方或東方，都試著去建立更周延的福利制度，其目的有一部分是希望以此作為推廣與強化國家連帶感的工具，並帶動對公共健康的重視及社會安全 (Ashford, 1986)。此外，經濟合作發展組織國家也尋求總體經濟的管理策略，並由一九五零年代至一九七零年代間凱因斯的需求經濟，轉變為自一九八零年代起對於龐大供給

面的側重，藉此來協助維持經濟成長與高度就業率。在
這些領域中的努力至今仍常有力有未逮之處，但西方民
族國家的經濟策略與政策則已經成爲全世界許多區域所
爭相仿效的對象。

我們當然可以說這種「模仿」比較多是必要的結
果，而非自由的選擇。去殖民化顯然地並未創造出一個
讓各國平等自由的世界。西方商業、貿易和政治組織的
影響比直接的統治更加深厚。強勢的國家經濟利益團體
通常可以透過企業、銀行和國際組織（例如國際貨幣基
金和國際銀行）的「隱形的管理」來代替「可見的管制
措施」，以維持對於過去殖民領域的霸權地位 (Ferro,
1997：349-50)。此外，主要強權沉澱的利益與謀略也
和這些交織在一塊，倘使並未掌握霸權位置，也是和其
他國家爭奪利益 (Bull, 1977；Buzan，Little and Jones,
1993)。個別國家的地理政治角色或許會有所轉變（舉
例而言，二十世紀期間，英國與法國從全球帝國沒落爲
中等強權，此一相對位置的轉變），但這些轉變均符合
廣泛世界秩序的結構，也就是現代國家系統和資本主義
經濟關係的結構，這樣的世界秩序統理著各政治社群所
採取的策略選擇。這些選擇的有限本質在蘇聯共產主義

垮台，以及冷戰期間所形成的兩極世界而變得愈趨清晰。循此，在北非、亞洲和拉丁美洲的國家發展規劃，也傾向呈現出單一的樣態，亦即市場自由化、福利縮減、私有資本流通的極小管制、勞動市場的去管制化，並受到政治與經濟需求而非公共規劃的統理。

但是，無論大多數的國家對其領土實際控制權的高低，它們一般而言都強烈地捍衛本身的主權，也就是它們統治的權力與它們的自主性，以及選擇政治、經濟和社會發展恰當模式的能力。國家的有效選擇將因為它們在各國層級內的地位還有重大的差異，但是，在民族國家的時代，基本上主權所保有的獨立性仍對所有國家而言極為重要。由其民眾所組成的明確「協商」政府仍然是其合法性的基礎。現代國家是創造國家命運體條件的政治社群；而鮮少有國家願意放棄。儘管國家的政治選擇極為有限，但它們仍舊存在，且依然是高度公共審議與論辯的焦點。對於懷疑主義者而言，國家政治傳統仍舊生氣蓬勃，政府與民眾間明顯的政治協商也持續上演，而國家則繼續依照其政治意志進行統治。假使國家政治的事業並未較諸現代國家最初形成時期更為重要，它也具備同等的重要性。此一事業所展現出的能耐對於

所有居住在有限社群內的所有人而言都具有高度重要性。在當代政治中，假使想要在經濟、社會與福利政策中均達成亮眼的表現，並符合國家目標，則在已開發國家中建立強大的國家能力，並在許多發展中國家內培養這些它們原本較為脆弱或甚至根本不存在的能力，可以說是各國內部最關鍵的挑戰 (參考第八章，頁110-112)。

　　國際關係理論內的「現實主義」，最有系統的探究國家作為政治主要元素的國際事務所具備的意涵 (見 Morgenthau, 1948；Wight, 1986；S. Smith, 1987)。在全球國家系統的脈絡內，現實主義將國家視為一個單一的實體，其主要的目標就是擴展和捍衛其國家利益。就其最簡單的意義而言，現實主義者將國家當作一具透過國家權力的運作，而保障國家與國際秩序的運輸器。國家為了要生存與發展，就必須在一個高度不確定與競爭的政治環境中追尋他們的目標。也正是因為如此，現實主義假定主權國家系統在本質上是難以避免的無政府主義；而這樣的無政府狀態則迫使所有國家，在一個註定缺乏任何最高仲裁者去落實道德行為與一致國際符碼的情況下，去追求能夠維繫它們關鍵利益的權力政治。

　　這種國家的現實政治觀對於近來的國際關係分析與實踐都同時有著顯著的影響；因為它為國家間事務的混亂與失序，特別是二十世紀的情景，提供了一個清晰的初步詮釋。在這樣的論調中，現代國家系統是一個「限制性的因素」(limiting factor)，它總是阻撓任何試圖超越主權國家政治來建立國際關係的作法。在這樣的概念內，在911恐怖攻擊行動後重申美國軍事力量的強大，其實同時是攻擊美國的挑釁行為以及國際事務的權力邏輯所造成無可避免的結果，這還必須要這類的攻擊能夠產生清晰和決定性的報復後果。一個強勢的國家，在這個例子中則是一個霸權，絕對必須採取回應以確保其地位，且捍衛其國家利益。

　　現實主義質疑國際秩序的建構或維持將能夠超越權力政治邏輯的想法。國際秩序是由最有權力國家所建立的秩序。這樣的認識促使論者對於誠懇的全球合作與堅強的國際協議將可能存在於一個主權國家系統的論點，抱持著高度質疑的態度。這種懷疑主義也得到國家中心(state-centric) 的秩序概念等同於國家間秩序的支持：國家可以說是世界事務的主要行動者。就某種程度而言，其他的行動者的確對於全球政治與經濟條件具有一定的

影響，但這也僅能發生在由各國所建構與支配的架構中
(Waltz, 1979：94；Gilpin, 1981：18)。此外，無論被解
讀為毫無用處或是大抵是只是曇花一現的國際制度，都
欠缺主動的力量 (Strange, 1983；Mearsheimer, 1994)。
國家的影響力凌駕於所有其他政治實體之上，而那些最
有權力國家則握有塑造世界秩序的決定性力量。而今
日，這些結構的持續性則較諸其他當代政治發展更為醒
目。

邁向全球政治

全球化論者對於許多上述提及的觀點提出反擊。他
們的論點主要如下。國家的傳統觀點，是將國家當作世
界秩序的基礎單位，預先假定其相對同質性，也就是將
其視為追求一些劃一目標的同一現象 (Young, 1972：
36)。但國際與跨國組織與共同體的增加，這包括聯合
國及其分殊化的機構乃至於國際壓力團體和社會運動，
都已經同時改變了國家與市民社會的模式與動態。國家
已經成為一個破碎的政策制定場域，受到跨國網絡（包
括政治和非政治）以及國內機構與勢力的滲透。相同

的，跨國勢力對於市民社會更爲廣泛的滲入，也已經改變其模式與動態。

政治生活的本質與模式業已歷經轉變。當代所觀察到的特殊模式便是「全球政治」的興起—政治網絡、互動與規則制定活動均逐漸擴展的模式。在世界某個部分所進行的政治決策和行動，將迅速地引起全世界的後果。和這種政治「延展性」息息相關的是全球過程的強化或深化，亦即「遠方的行動」將滲透至特殊地點或社群的社會情境與實際世界之中 (Giddens, 1990：第二章)。隨之而來的結果是，全球層次的發展，無論是經濟、社會或環境面，都將引發幾乎即時的地方性後果，反之亦然。

全球政治的概念挑戰了傳統對於國內/國際、領土／非領土、內部/外部的分野，而這些國際政治和「政治性」傳統概念中根深柢固的想法 (參見Held et al., 1999：第一、第二與第九章)。它同時也突顯出超越國家與社會之全球秩序下，相互連結的豐富性與複雜性。此外，在全球化論者的口中，今日的全球政治不僅是以傳統的地理政治關懷作爲基礎，同時更著眼於經濟、社會與生態難題的複雜情境。污染、毒品氾濫、人權和恐

怖主義均逐漸成為跨國政策議題的焦點，它們橫跨與切割了領土管轄權和既存的政治版圖，更極需跨國的合作行動以提出有效的解決方案。

國家、人民和組織皆透過許多跨越疆界的新傳播模式而相互連結。傳播科技與電腦的微電子數位革命，與電話、電視、纜線、衛星與航空運輸等技術結合後，便能夠建立起虛擬的全球即時連結，更對於政治傳播的本質發揮深刻的影響。用來區分前現代時期至現代時期大部分政治關係的「實體脈絡」、「社會情境」與政治之間的親密連結已經被摧毀。二千零一年911事件傳播至全球的速度之快，並使得大規模恐怖主義成為全球火熱議題的例子可說極為典型的例子。

新傳播體系的發展創造出一個世界，在此間地點與個體的特殊性透過區域和全球傳播網絡被逐漸體現與再現。但這些體系的重要性絕不僅只於此，因為它們是讓組織性的政治行動以及政治權力跨越遙遠距離運作之所以可能的基礎（見Deibert, 1997）。舉例來說，國際與跨國組織的擴張，國際規範和法律機制的延伸（包括其結構和監督），全都獲得這些傳播體系的協助，也都仰賴這些體系作為進一步達成其目標的工具。全球政治當前

　的時代所體現的是朝向多層區域和全球統治系統的轉變
（參見第五章）。

　　我們可以用許多發展作為例證，其中包括最為顯著
的，也就是多邊機構和組織的急速增加。多邊與全球政
治的新模式是透過各國政府、跨政府組織 (IGOs) 和各
種跨國壓力團體和跨國非政府組織 (INGOs) 所組織而
成。在二十世紀初期，僅有三十七個跨政府組織以及一
百七十六個跨國非政府組織，兩千年則有六千七百四十
三個跨政府組織和四萬七千零九十八個跨國非政府組織
(資料來源：Union of International Associations, 2001)[1]。
此外，國際軍事協議與國際政體的數量也有顯著的成
長，這些發展均改變了國家的條件脈絡 (Held et al.,
1999：第一至二章)。按照顧 (Ku，2001：23) 的說法，
一六四八年至一七五零年代間約有形成八十六個多邊協
議，而一九七六至一九九五年間則有超過一千六百個協
議達成，其中更建立起一百個國際組織。

　　在這樣的模式下，廣泛的政治相互連結性也可以被
納入關鍵國際政策決策論壇密集的活動網，這包括聯合
國、七大工業國、國際貨幣基金、世界貿易組織
(WTO)、歐盟 (EU)、亞太經濟合作會議 (APEC) 和南錐

共同市場 (位於拉丁美洲 MERCOSUR, the Southern Cone Common Market) 的領袖會議，和更多其他官方和非官方會議。在十九世紀中期，每年約有二至三場的跨國會議或研討；今日這個數字則爲每年超過四千場。國家政府逐漸被鎖入一連串全球、區域和多層次的統理系統—而且很難對其進行全面的監控，更遑論對其具備支配力。外交政策與國內政策隨著時間的演進而相互囓合，這也使得國家合作與對於管理政策的管控變得更加困難。

　　在區域性的層次內，歐盟利用極短的時間，將歐洲從第二次世界大戰的混亂中，帶往一個主權跨越愈來愈多共善關懷領域進行統合的世界。若由國家歷史的脈絡對所有的缺陷進行判斷，則這樣的發展只不過是明目張膽的政治性結合。此外，在歐洲以外的區域關係也顯著的提升：無論是在美洲、亞太，或者是就較低的程度，在非洲均有這樣的發展。儘管這種區域主義 (regionalism) 型態的形式和歐盟的模式有極大的差異，但它仍舊對於政治權力發揮強烈的影響，特別是當我們觀察亞太地區時，便會發現東南亞國協組織 (ASEAN, Association of South-East Asian Nations)、亞太經濟合作

會議和東南亞區域論壇(ARF, ASEAN Regional Forum)、太平洋盆地經濟理事會 (PBEC, Pacific Basin Economic Council)，和更多其他相關團體的形成。更有甚者，隨著區域主義的深化，跨區域外交也因為傳統與全新區域團體試圖加強彼此間的關係而愈趨強化。在這樣的觀點內，區域主義並不是政治全球化的阻礙，相反地，而是其基礎條件 (見Hettne, 1998)。

　　而且，國際法的角度與內容也經歷重大的轉變。二十世紀國際法的形式—從統理戰爭的法律，乃至於考量到違反人性、環境議題和人權的犯罪行為—已經創造出許多元素，讓我們將其視為某種「世界法」(cosmopolitan law)架構的雛型，這樣的法律得以規範與限制個別國家的政治權力(Held, 2002)。就原則上而言，各國不再能夠為所欲為的對待其國民。儘管就實踐層面觀之，許多國家仍將違反這些標準，但幾乎所有國家如今在其本身的實際作為和過程中，都接受作為保護者和提供者的普遍職責 (Beetham, 1998)。

　　另外一個值得留意的趨勢是在制定規範、設定符碼和建立標準時，公家機關與私人機關之間交互關係的提升。許多制定規範和法律訂定的新據點不斷浮現，這使

得全球秩序的各種不同部門均出現大量的「去中心化法律制定過程」(Teubner, 1997：xiii)。許多這些過程是藉由和科技標準、專業化規則產生和多國企業的跨國管制，以及透過和商業契約、仲裁和其他國際商事仲裁的要素 (lex mercatoria，商業法的全球架構) 之間的關係，來證實本身的有效性(見Teubner, 1997)。涉及到公共與私人行動者的全球公共政策網絡，正重新打造制定國家與國際規範以及規範性體系運作的基礎；而其結果無法輕易地被置入傳統國家與國際法律之間的分野之中(Jayasuriya, 1999；Reinicke, 1999；Slaughter，2000)。公共與私人之間的嚴格分際已不復存在；法律訂定與執行的模型也不再能夠簡單地貼合於國家體系的邏輯。

　　和這些政治、法律轉變交纏在一塊的是世界軍事秩序的改變。或許除了美國和中國之外，很少國家如今能夠獨自將單邊主義 (unilateralism) 或中立視為可行的防禦策略。隨著國家安全集體化的演進，全球和區域安全組織變得格外關鍵 (Clark，2001)。但並不僅只是防禦組織變得多國化。軍事武裝被製造的方式也有所轉變。「國家競賽」的時代已經由於執照、共同生產協議、合作開發、統合聯盟與外包的急速增加而告終 (Held et al.,

1999：第二章)。在全球化論者的觀點中，這意味著幾乎沒有國家，甚至是美國，能夠宣稱本身擁有全然自主的軍事生產能力。這樣的論調在和重要的民生技術，例如電子學，結合後將更爲明顯，因爲這些都是先進武器系統的關鍵，且它們本身也就是高度全球化企業的產物。

組織化暴力的全球化的弔詭和創新在於今日的國家安全正成爲集體或多邊的事務。此外，隨著跨國恐怖主義的成長與911事件的例證，國家不再擁有暴力的壟斷權。私人武力與私人所提供的安全防禦在全球許多領域內都扮演著重要的角色。這是歷史中首次，有一件事情能夠如此醒目的成爲現代民族國家關注的焦點與目標，也就是國家安全，這個打從霍布斯以降便一向是現代國家維持其地位的核心要素，而如今我們則體會到唯有民族國家均能合作並匯集資源、科技、智識、權力和權威時，現代國家才能夠發揮效力。

即使是在防衛、武器生產和製造的場域內，單一、切割與無限制政治社群的概念都充滿問題。這引起了許多根本的問題，例如如何看待我們逐漸全球化時代的政治社群和統理。舉例來說，在龐大毀滅性武器激增的脈

絡下，「盟友」和「敵人」之間的分野變得愈趨模糊。這樣的區分在大規模戰爭的情況下或許能夠提供絕佳的概念，畢竟發生衝突的戰區本身相對而言有著明確的界線。然而，在現代科技戰爭的情境下，戰爭所帶來的毀滅性衝擊很可能同時會影響到「朋友」和「敵人」。

在全球連結性增生的環境下，對於個別政府而言，策略性政策選擇的角度以及許多傳統政策手段的有效性都逐步降低 (見Keohane and Nye, 1972：392-5；Cooper, 1986：1-22)。這樣的趨勢之所以產生，最重要的原因是因為許多傳統中用來限制商品、服務、生產要素和科技、想法和文化流通交易的邊界控制逐漸變得無關緊要—無論是正式或非正式的舉措皆然 (參見Morse, 1976：第二至三章)。其結果是當尋求不同政策選項時相對代價與利益之間轉變。而跨國勢力的擴張也壓縮了單一政府能夠對其民眾和其他人士活動所掌握的控制權，故各國也體會到權力的進一步縮減。舉例來說，全球金融市場的發展造就了資本流通性的提升，後者則轉變了市場、國家之間權力的平衡，並對於各國產生強大的壓力，迫使他們去推動有助於市場發展的政策 (market-friendly policies)，其中包括限制公共支出的赤字與交

易，尤其是針對社會財的部分；並降低直接稅率以提升
國際競爭力；私有化、勞動市場的去管制。私營投資人
決定轉移私人資本的決定，足以恫嚇福利預算、稅率和
其他相關的政府政策。實際上，隨著各國政府發覺倘使
不與其他超越國家層級的政治和經濟機構進行合作，將
逐漸難以達成其國內意志時，國家的自主性也必須有所
妥協。

在這樣的脈絡底下，許多國家活動和責任的傳統領
域（國防、經濟管理、健康、法律和秩序），若沒有制
度化的多邊合作模式則將失去其效力。隨著戰後時期對
於國家要求的逐漸增加，國家被迫面對一連串的政策難
題，且想要解決這些問題則必須和其他國家或非國家的
行動者相互合作 (Keohane, 1984；McGrew, 1992)。循
此，單一國家本身將不再能夠被視為解決關鍵政策問
題，或有效管理廣泛公共功能的恰當政治單位。

這些論點意味著現代國家逐漸鑲嵌於一個由超國
家、跨政府和跨國勢力所滲透的區域與全球連結性網絡
內，且它們將無法獨自決定自身的命運。也有論者辯稱
這樣的發展同時挑戰了國家的主權與正當性。國家主權
之所以遭遇挑戰，是因為國家的政治權威已經被不管是

政治、經濟或文化的區域和全球權力體系所取代。國家正當性之所以成為話題，是因為更高度的區域和全球互賴，使得國家無力在缺乏國際合作的情況下，提供基本的商品和服務給他們的民眾，且甚至在採行國際合作的狀況中，要面對全球難題仍有其不足之處──這包括全球暖化乃至於金融市場的急速變動，因為這些困境往往超出政治管制所能控制的範圍。就某種程度來說，政治正當性有賴於「供給商品」給民眾的能耐與能力，而國家在這方面正遭遇限制。全球主義者總結認為，全球化正侵蝕民族國家獨立闡明與實踐其國內與國際政策目標的能力：地域性民族國家的權力和角色正被轉型。無論懷疑論者的論點為何，政治權力正面臨重構。

---

1. 一個組織之所以被視為跨政府組織，是因為它是透過各政府簽署協約(至少三個以上)，並隨即在彼此之間產生義務關係。兩千年對於跨政府組織與跨國非政府組織所進行的研究，可以被是唯一項警訊，因為這裡頭包含了許多消極甚至衰亡的組織。參考國際組織聯盟2001：附錄三。

第三章

國家文化的命運

在人類歷史中，有很長的一段時期，大多數的人終其一生都居住在地區文化的單一網絡內。儘管偉大的世界宗教和前現代帝國的形成與擴張，能夠讓概念與信仰跨越國界並帶來決定性的社會影響，但在缺乏直接軍事和政治干預的情況下，統治階級文化網絡的發展則是最重要的載具 (Mann, 1986)。在許多地方這些是和地區文化破碎的馬賽克圖像深切地結合在一塊，但對於大多數的人來說，在大多數的時間中，他們的日常生活與作息幾乎都一成不變。在國家與民族國家興起之前，大部分的文化傳播和互動主要都是發生在精英之間，或是在極為地區和有限的層級內。宮廷與村莊之間的互動可說少

之又少。一直要到十八世紀，文化認同的新模式才將這
兩個極端接合在一起。

國家文化的故事：懷疑論者的奧援

現代民族國家和國家主義運動的崛起，改變了政治
認同的版圖。創造現代國家的條件通常也是促使國家認
同浮現的條件。當國家的創建者試圖在有限領土內達成
政治權力的中央化與秩序重整，並捍衛與強化他們的權
力基礎時，他們就得和他們的對象建立起合作的關係模
式 (Giddens, 1985；Mann, 1986)。權力的集中化造成統
治者必須倚賴被統治者以取得資源、人員和錢財。統治
者和被統治者之間於是產生更高度的互惠性，而他們
「交換」的說法變得可供論辯。值得一提的是，現代國
家因其軍事和行政上的需求，而必須將社會關係和日常
生活活動加以「政治化」(politicized)。逐漸地，人們開
始留意到自己是一個共享政治社群中的一份子，並與其
有著共同的命運。儘管這種突然產生的認同其本質在一
開始通常是模糊含混的，但隨著時間的發展將變得更為
肯定與精確 (Therborn, 1977; Turner, 1986; Mann,

1987)。

　　國家與國家認同與敘述的強化和許多因素有關，其中包括統治階級與政府試圖創造一個能夠合法化提昇國家權力和公共政策統合的新認同 (Breuilly, 1992)；其創造認同的方法是透過大量的教育系統，提供認識 (概念、意義與實作) 的共通架構，以協助國家統合現代化的過程 (Gellner, 1983)；新傳播體系的誕生，尤其是那些新媒體(例如印刷與電報)，讓獨立的印刷者與自由市場開始尋求可供印製的題材，如此一來便有助於階級之間的傳播溝通，更有利於國家歷史、神話和習俗的散播，換言之，促使一個新想像共同體的產生 (B. Anderson, 1983)；且，以家園的歷史感和深植民心的記憶為基礎，民族共同體的鞏固是透過共享的公共文化、共享的法律權利與義務，以及在既定領土內經濟為其成員所帶來的社會流動性 (Smith, 1986, 1995)。

　　雖然國家認同的建立看似是由菁英所策動的清晰政治謀略，但這卻並非他們一手發明的。菁英積極催生國家性概念和對於國家認同 (所謂的「國家命運共同體」) 的作為，已經有許多詳盡的討論。但誠如一個觀察者巧妙地指出的「情況絕對不是」，那些所謂的菁英「憑空

捏造便能夠創造出國家」(Smith, 1990：180-1)。並非隨意一個大型的社會或文化實體便能發展為「國家」；相反地，國家是一個「歷史和文化的共同體」，它佔據特定的領土，並經常會對其成員就特定傳統脈絡來提出有關共同權利義務的要求。也因此，許多國家「是以前現代的『各種族中心』為基礎，這些中心的神話和記憶、價值和符號塑造了現代菁英試圖打造的國家文化與邊界」(Smith, 1990：180，亦可參考Smith, 1986)。國家主義者努力維繫的認同，有很大一部分必須有賴於共同體「民族歷史」的揭露與利用，且必須強調其在競爭政治與文化價值的世界中具備特殊性 (distinctiveness) (比較 Hall, 1992)。

當然地，在國家的建立中，不同的國家認同和各民族國家總是必須進行強烈地競奪，而若要成功地發展則彼此間絕不能與其他國家完全重疊 (見Held et al., 1999：48-9, 336-40)。誠如我們在前頭提及的，國家是制度、法律和實踐的複雜網絡，國家的空間範圍難以捍衛或穩定固定的領土。國家是跨越階級的集合體，分享了認同感和集體政治命運。他們賴以為基礎的是真實和想像的文化、語言和歷史共通性，而這些卻又具備高度

可塑性和流動的特質，因此通常會造成國家的多元表述和曖昧關係。民族主義是一種將國家連結至種族的力量：它描述個體對於特定民族認同和共同體所抱持複雜的文化與心理忠誠，而建立國家的任務中，必定會有一個主導性的特定民族。現代國家的固定邊界將逐步擁抱各種民族性、文化與語言殊異的團體，而這些團體又具備混合的偏好和忠誠度。這些團體之間的關係，以及這類團體和國家之間的關係，經常都是多變的，且通常會成為苦痛衝突的來源。在十九世紀與二十世紀晚期，民族主義成為某些地方鼓吹與支撐國家建構的力量(舉例來說，法國)，而在其他地方則成為挑戰與重新設計國家的源頭 (譬如，在幾個如西班牙或英國的多民族國家) (見Held et al., 1999：337-8；Appadurai, 1990)。

然而，先不論各民族主義的歧異和他們的政治目標，甚至大多數民族文化都僅有不到兩百年歷史的事實，這些新政治勢力儼然創造出現代世界政治參照的基本全新辭令—之所以說它是今日看來根深柢固的參照辭令，是因為倘使並不是壓倒性的全數民眾皆然，許多人的確將他們視為既存與實際上的本質 (參考Barry, 1998)。儘管在較早的時期內，我們可以同時觀察到延

伸跨越許多社會的文化制度 (世界宗教)，或是高度地方化的文化制度兩種模式，民族、民族主義和民族國家的興起導致文化生活的組織幾乎都沿著民族與領土的界線發展。在歐洲，這樣的發展造成某些較古老國家的鞏固，過多新民族國家的建立，以及多民族帝國的崩潰 (例如奧匈帝國)。「民族」概念的力量並未在世界的其他角落消失，而民族文化和民族主義的意涵更傳播 (有部份可能是歐洲帝國本身擴張的結果)到美國、亞洲、非洲和中東。這刺激了獨立運動的興起，再度在文化、地理和政治自由之間提供了特殊連結。

努力培養國家認同和國家感的作法是如此的廣泛，以致於懷疑主義者質疑後者可能會因為跨國勢力而被侵蝕，而且，特別是受到所謂全球大眾文化發展的影響。實際上，主張國家認同重要性的論者強調其擁有諸多持久特質，並將民族文化的深刻訴求和跨國媒體企業產品 (如漢堡、可樂與流行偶像)之短暫與人為的特質拿來相互比較 (參考Smith, 1990；和Brown, 1995)。由於國家文化主要關切的是政治認同、自決和國家權力之間關係的穩固，如同懷疑論者所言的，國家文化如今，且將持續作為種族與政治動機極為重要的源頭 (參見第六章)。

此外，今日分布於全世界的傳播與資訊科技新電子網絡，有助於民族生活的傳統型態和源頭的強化與重新振作，更進一步加強他們的影響力與衝擊。某些論者精闢的留意到，這些網絡「使得那些共享共同文化特質，尤其是相同語言的共同體成員之間，更為頻繁與密集的互動成為可能」；且這也為「民族共同體和他們的民族主義」的重新浮現提供全新的動力 (Smith, 1990：175)。

除此之外，懷疑論者還提及，儘管新傳播系統能夠創造和遠距離他者之間的聯繫，它們也造成對於差異性體會；也就是說，生活方式和價值導向難以置信的南轅北轍 (見Gilroy, 1987；Robins, 1991；Massey and Jess, 1995)。雖然這樣的感受能夠提升文化的認識，它也經常會造成對於彼此差異點與特殊性的強調，進一步切割文化生活。留意到「他者」絕不能保證互為主體性的產生，魯西迪 (Salman Rushdie) 的事件就可以作為極為貼切的例子 (譯按：印籍英裔的作家魯西迪是《魔鬼的詩篇》一書的作者，由於該書的爭議性，使其遭到追殺) (見Parekh, 1989)。而且，雖然新傳播工業或許能夠催生屬於他們本身的語言，以及特殊的價值觀與消費模式，它們卻仍舊面對語言和論述的多樣性，因為人們仍舊必

須藉此理解他們的生活和文化 (J. B. Thompson, 1990：
313頁之後)。在美國與西方社會內，大眾市場文化企業
產品的急速成長，如同洪水般淹沒不同國界。但根據懷
疑論者的說法，現有的證據顯示民族 (和地方) 文化仍
舊強健；在許多國家內，民族性的制度依然對於公共生
活有重大影響，本國電視與廣播電台持續吸引大批觀
眾；報紙與新聞組織的報導內容還是具有強烈的民族本
質；本國觀眾還是以新奇的方式來解讀和詮釋異國文化
產品(Appradurai, 1990；Miller, 1992；Liebes and Katz,
1993；J. B. Thompson, 1995)。

　　最終，民族文化的捍衛者們指出，並不存在某種共
通的全球記憶庫；也沒有某種全球共通的思考模式；更
沒有「普遍的歷史」可供人們相互整合。存在的只是一
個五花八門的政治意義和體系組合，任何新的全球體認
都必須藉此努力尋求生存之道 (見Bozeman, 1984)。由
於民族歷史的根深蒂固，以及他們經常被重新組合的多
元方式，我們根本無須對此感到訝異。姑且不論全球資
訊、想像與人們的大規模流通，僅有少之又少的普遍與
全球文化符號真正存在，而民族主義的政治重要性也並
未顯露出一絲凋零的跡象。

文化全球化

　　全球化論者並未忽略「民族問題」的重要性，他們仍對前述大部分的議題做出回應。他們經常強調的重點在於民族文化的建構性質 (constructed)：假使這些文化是在比許多論者所願意承認的更晚期才被創造出來，且其所被創造的環境是一個民族國家正被相互揉合的世界，那麼在這樣一個全球化時代內，這些文化便不再是一成不變或難以迴避的存在。民族主義或許對於現代國家的鞏固與發展發揮很大的功能，甚至是其要素之一，但時至今日，它卻已經和一個經濟、社會和許多政治勢力均脫離民族國家管轄的世界產生矛盾。

　　全球化論者坦承，由於許多人們的認同通常改變的十分緩慢，且許多人們希望 (再次) 維護對於那些主導他們生活勢力的控制權，故國家認同政治的複雜性看來將持續存在。但除非能夠清楚的劃分文化民族主義—即人們生活最根本的概念、鬆散和象徵性的資源—和政治

民族主義之間的差異，後者是宣稱民族認同與民族利益具有排他性的政治優先性，否則所謂的國家認同政治將無法對於區域性和全球性的現象施行政治控制並肩負相關權責。假使沒有區域和全球的合作，則後者無法實現許多受民眾歡迎的公共良善與價值。只有全球性的政治觀點才能夠在更為全球化的時代中，最終調整其自身去面對許多交疊的命運共同體和多層次 (地方、國家、區域和全球) 政治所帶來的各種政治挑戰。是否有任何理由讓我們去相信這類觀點將能夠萌生？不僅是當前時代存在諸多與此觀點相關的資訊，全球化論者更指出，我們由現代國家本身的歷史便能夠找到許多前車之鑑。

當民族國家和國家主義有計畫的崛起，也加劇了特定邊界內部的文化結構與互動，歐洲勢力跨海的擴張則在運輸與傳播革新發明，特別是規律化的機械運輸和電報的協助下，帶動文化全球化新型態的延伸。這些科技發展有利於西方的擴張，並加速十八世紀與十九世紀晚期浮現的世俗哲學—尤其是科學、自由主義和社會主義—得以在全世界幾乎每個社會的文化脈絡中擴散與轉型。

當代大眾文化或許尚未能夠產生與之匹敵的社會衝

擊，但全球主義者認為，今日全球文化傳播的整體規模、強度、速度與數量卻是無與倫比的。舉例來說，比起過去數十年，文化輸出與輸入的價值都增加了許多倍；電視、影片和廣播產品的交易都歷經大幅擴張；國內的廣播系統則面對強烈的國際競爭和觀眾群的縮減；而隨著傳播模式逐漸超越單一的國土邊界，網際網路的連結與使用者的規模則是指數性的往上攀升 (UNESCO, 1950, 1986, 1989；OECD, 1997)。表3.1到3.4呈現的是傳播基礎建設擴張的情形，以及他們在主要文化產品中的使用與交易水準[1]。雖然存在不對稱的情況，但廣播、電視、網際網路、衛星和數位科技的加速擴散，已經使得跨越全球大部分地方的即時傳播成為可能。其結果是，許多國內對於資訊的控制變得失靈。每個地區的人們都接觸到過去從未聽聞的其他文化的價值 (Silverstone, 2001：15-17)。其中一個例子便是有收看《海灘遊俠》(Baywatch) 影集的觀眾數：根據估計，每集約有超過二十億的觀眾收看本片，同時也證實人們對於水上運動和矽谷的生活方式更感興趣！儘管語言上的差異仍然是電視節目和其他文化產品擴張版圖的一大障礙，英語在全球的主宰性，則提供了一可與其他任何傳

表3.1 世界電信服務部門的重要指標, 1990-2002

	1990	1991	1992	1993	1994	1995	1996	1997	1998	1999	2000	2002
主要電話線	520	546	574	606	645	692	740	794	848	906	970	1,115
行動電話用戶	11	16	23	34	55	91	145	214	319	472	650	1,000
國際電話通信												
分鐘數[a]	33	38	43	48	56	62	71	80	90	100	110	130
個人電腦	120	130	150	170	190	230	260	320	370	430	500	670
網路用戶[b]	2.6	4.4	6.9	9.4	16	34	54	90	149	230	311	500

a. 從1994年開始還包括與前蘇聯各國之間的通信

b. 網路用戶的數量其實量難以精確以精確估計，也有各種五花八門的不同計算方法。某些估計所得到的數值確認為習慣性網路使用者的數量比目前所估計的還要多。針對這一點，可參考 Nua Internet Surveys，網址為www.nua.ie/surveys/how_many_online/index.html.

資料來源：國際電信聯盟 (ITU)

表3.2　1999年終網際網路使用率最高的十五個國家

排序	國名	使用者 (百萬人)
1	美國	110.8
2	日本	18.2
3	英國	14.0
4	加拿大	13.3
5	德國	12.3
6	澳洲	6.8
7	巴西	6.8
8	中國	6.3
9	法國	5.7
10	南韓	5.7
11	台灣	4.8
12	義大利	4.7
13	瑞典	4.0
14	荷蘭	2.9
15	西班牙	2.9

資料來源：電腦工業年鑑 (Computer Industry Almanac), www.c-i-a.com (2000年10月統計)

表3.3　1999年終網際網路普及率最高的十五個國家

排序	國名	使用者／每一千人
1	加拿大	428.20
2	瑞典	414.15
3	芬蘭	408.04
4	美國	406.49
5	冰島	403.46
6	丹麥	395.97
7	挪威	379.59
8	澳洲	343.27
9	新加坡	310.77
10	紐西蘭	264.90
11	荷蘭	255.55
12	瑞士	245.81
13	英國	236.41
14	台灣	216.82
15	香港	212.91
前十五名國家平均值		328.16
世界平均		46.75

資料來源：電腦工業年鑑 (Computer Industry Almanac),
www.c-i-a.com (2000年10月統計)

表3.4　不同類別文化商品的國際貿易，根據有資料的各國1980與1998年的統計

	1980				1998			
	進口		出口		進口		出口	
	金額(百萬)	%	金額(百萬)	%	金額(百萬)	%	金額(百萬)	%
印刷品與書籍	7,399	15.5	7,623	16.0	25,478	11.9	25,618	14.7
音樂	8,557	17.9	9,040	16.0	50,870	23.8	47,618	27.3
視覺藝術	4,979	10.4	3,559	7.5	14,992	7.0	9,855	5.7
電影與攝影	9,679	20.2	10,213	21.5	29,339	13.7	27,855	16.0
廣播與電視	9,615	20.1	10,640	22.4	40,880	19.1	34,740	19.9
遊戲與體育用品	7,610	15.9	6,425	13.5	52,096	24.4	28,586	16.4
總額	47,839	100	47,500	100	213,655	100	174,272	100

自從1980年後……不同文化貿易種類的相對重要性便產生了重大結構轉變。儘管音樂產品仍舊是市場的大宗（幾乎佔所有文化輸出與輸入的四分之一），但我們也發現體育用品與遊戲所佔的比例也有所提升；書籍與其他的印刷品、廣播與電視閱聽人則維持平盤；電影和攝影商品則呈現穩定的縮減；視覺藝術則出現微幅但卻持續性的衰退（依然是文化貿易的最小宗，只佔開發中國家整體貿易的不到百分之一）。資料來源：聯合國教育科學暨文化組織（UNESCO），統計學會，〈部分文化商品的國際流通，1980-98〉，執行結論，可見www.uis.unesco.org/pub/ pubo.htm.

播概念與文化的科技系統媲美的強大語言基礎 (尤其是
在商業、政治、行政、科學、學術界與電腦使用上)。

若以更廣泛的層面觀之，今日的文化全球化之所以
讓人訝異，是因為它是由企業，而非國家所推行。全球
主義者認為，企業已經取代了國家和神權政治
(theocracies)，成為文化全球化最關鍵的生產者與分配
者。私人性質的國際制度並非史無前例，但它們的大規
模衝擊卻的確是前所未聞。比起今日全球企業的消費品
和文化產品來說，過往時代的新聞通訊社與出版社對於
地方和國家文化所具備的影響力實在是微不足道。

對於全球主義者而言，新全球傳播體系的存在正轉
變著實體地點和社會環境之間的關係，並改變了政治與
社會生活的「情境性地理」(situational geography)
(Meyrowitz, 1985)。在這些情況下，「實體脈絡」和
「社會條件」之間的傳統連帶便被打破。隨著個體與共
同體體驗到遠處的事件和發展後，地理的邊界也被消
彌。除此之外，新的認識、共同性和意義架構，均在人
們並未直接相互接觸的情況下發展成形。也因此，它們
可以被用來將認同從特定的時間、地點與傳統中分離與
去鑲嵌化，也能夠對於認同結構產生「多重衝擊」，產

生「較不那麼固定和單一」的連結性認同 (Hall, 1992：303, 309)。雖然每個人都體驗著本地的生活，但人們如今用來理解當前世界的方式，已逐漸是透過來自許多不同脈絡的概念與價值。混合的文化和跨國媒體企業已經大肆入侵國家文化與國家認同。最終，則是現代國家文化地位的轉變 (比較McLuhan, 1964；Rheingold, 1995)。

　　那些試圖在資訊和文化層面施行嚴格閉門政策的國家，當然必須遭遇到來自這些新傳播程序與科技的威脅，而在各地的社會經濟生活自然也會受到它們所影響。文化流通也正普遍地轉變著國家認同的政治與認同政治。部份的全球理論家對這些發展提出解釋，認爲這將創造全球歸屬的新感受，凌駕對單一國家的忠誠度，但這也將成爲民族國家的弱點，換言之，超越那種「不分是非的愛國情操」(my country right and wrong) (見，例如，Falk, 1995b)。後頭這樣論點的証明已經獲得進一步闡明，我們可以在許多程序和勢力中嗅出端倪，其中包括具有明確區域或全球目標的跨國社會運動的發展，例如對於自然資源和環境的保護，以及減輕疾病、不健康與貧窮的努力 (Ekins, 1992)。像是地球之友 (Friends of Earth) 和綠色和平組織 (Greenpeace) 等組

織，以及像是反資本主義運動的團體，它們之所以取得
某些勝利，是因爲它們展現本身有能力針對期待改善的
問題進行跨國家與區域的連結。此外，那些朝向國際與
跨國議題發展之行動者、機構與制度的群集—從區域政
治組織到聯合國，也被論者用來證明全球政治意識高漲
的進一步例證。最終，認同人權是所有人們尊嚴和整合
所不可獲缺要素—這項在國際法內所擴展的權利，並獲
得諸如國際特赦組織等跨國團體的擁護，則被用來作爲
「全球意識」浮現的有力證據。論者們也指出，這些因
素代表著原初全球市民社會的文化根基 (Falk, 1995b；
Kaldor, 1998；亦可參考第九章)。

---

1. 也請留意表3.2與表3.3所顯示的，和網際網路有關的可近性與使用分
   配的不對等。

第四章

全球化經濟？

　　儘管有關經濟全球化的論辯已經衍生出大量的文獻研究，爭辯的焦點主要圍繞著四個根本的問題。簡而言之，這些包括：

◆ 是否有一個單一的全球性經濟正在成形；

◆ 受到「第三次工業革命」激勵的資本主義新模式的範圍，正產生跨越全球的影響；

◆ 經濟全球化還能夠維持從屬於適當和有效之國家與國際統治的情況多久；

◆ 全球化競爭是否宣告著國家經濟政策與福利國家的終結。

　　無論是全球主義者或懷疑論者，都必須優先處理這四個問題。

國家經濟的永續性

　　質疑的論點反映出對於當代全球經濟潮流的謹慎解讀。不同於發展成為一個真正的全球化經濟體，懷疑論者指出，若以歷史的角度來進行評斷，當前的世界經濟依舊只是鬆散的整合。若與1890年至1914年的好時代相互比較則會發現，無論是在貿易流通的數量和地理規模上，當前的資本與移居者的數量都低落許多 (Gordon, 1988；Weiss, 1998；Hirst and Thompson, 1999)。雖然今日世界各主要經濟體之間的資本毛流通似乎已達到前所未有的數量，但它們之間的淨流動則大抵上要少於二十世紀初期的數額 (Zevin, 1992；Watson, 2001)。這些經濟體有許多都抱持著比起過去更為封閉的貿易態度，這其中有許多是所謂的開發中國家，因此使得它們較不依賴國外資本 (Hoogvelt, 2001；Hirst and Thompson, 1999)。此外，較諸十九世紀而言，當代跨越全球的移居則在數量上表現出顯著縮減的趨勢 (Hirst and

Thompson, 1999)。總結上述所有層面的情形，當代世界經濟比起十九世界的局勢而言，明顯的較為封閉和較不全球化。懷疑論者也認為，當代世界經濟的整合度也顯著下降。

倘使經濟全球化是和個別國家經濟體的深化整合有關，亦即能夠超越國家邊界經濟活動的功能性整合，那麼我們便能夠宣稱全球經濟已經浮現。在一個全球化經濟內，世界市場的力量將被期待 (理論上而言) 能夠呼應全球的競爭，並能夠作為關鍵經濟變項的真實價值 (生產、價格、薪資和利率)，凌駕國家性的經濟條件。就如同地方經濟體能夠被隱藏於國家市場內，因此，強烈的質疑觀點認為，經濟全球化的真實考驗世界潮流是否確立了全球經濟整合的模式，換言之，是否果真出現了單一全球市場 (Hirst and Thompson, 1999)。在這樣的概念下，論者認為，實際情形要比許多全球主義者所宣稱的單薄許多。即使是在OECD國家之間，無疑的這是任何經濟體內相互連結性最高的國家，當代潮流也顯示其只具備極為有限的經濟與金融整合度 (Feldstein and Horioka, 1980；Neal, 1985；Zevin, 1992；Jones, 1995；Garrett, 1998)。無論是在金融、科技、勞動或生產的層

面，我們都無法尋獲證據來證明單一全球經濟的存在或
浮現 (Hirst and Thompson, 1999)。論者總結指出，不同
於經常被描述的「無拘束資本」(footloose capital)，即
使是多國企業也都維持主要是以國家或區域市場為主體
的運作 (Tyson, 1991；Ruigrok and Tulder, 1995；
Rugman, 2001)。

　　懷疑主義者認為當前的趨勢並非是一全球化經濟，
他們反而認為這是經濟活動大量國際化的證明，然而他
們強調這並非是史無前例的情形，也就是說，懷疑論者
察覺到不同國家經濟體之間連結的強化。由國家或地方
公共與私人實體所推行的國際化補充而非取代了佔有主
導地位的國家組織，以及當代經濟與金融活動的管制。
對於懷疑論者而言，所有的經濟活動均為國家或地方性
的。但儘管是邁向國際化的趨勢也必須給予謹慎的監
督，因為它顯示出OECD主要國家之間的貿易、資本與
科技流通的集中化，並將世界大多數其他國家排除於
外。世界經濟活動的結構是受到OECD經濟體以及它們
之間逐漸增加之連結的主宰 (且益發如此) (Jones,
1995)。截至目前為止，世界上大部分的人口仍舊被排
除在所謂的全球市場門外；北方與南方之間也出現更加

嚴重的裂痕。胡格威特 (Hoogvelt) 和其他論者引用許多
統計數據指出，依照歷史的標準而言，世界經濟正面臨
內爆，而非擴充其領域。若以貿易、投資和遷移流通的
角度衡量，比起工業革命之前的情況，現今世界經濟核
心和邊陲的整合度更低 (例子可參見Hoogvelt, 2001)。

　　懷疑論者的分析不但沒有觀察到整合的全球經濟，
他們更強調世界經濟活動的組織逐漸向三個核心集團靠
攏，每一者本身又有核心與邊陲之分；也就是歐洲、亞
太與美國。此一世界經濟的三分化 (triadization) ，和這
三個區域內部邁向經濟與金融互賴的趨勢發展有關，其
代價則是三者之間整合度的流失 (Lloyd, 1992；Hirst
and Tho,pson, 1999；Rugman, 2001)。這樣的過程則因
為區域化 (regionalization) 的提升而被進一步增強，其
中包括北美自由貿易協定 (NAFTA，North American
Free Trade Agreement)、亞太經濟合作 (APEC)、南錐共
同市場、東南亞國協和歐盟等正式結構，乃至於多國企
業與國內企業的區域生產與行銷策略皆在此列 (G.
Thompson, 1998a)。現今的情況遠非所謂的經濟全球化
時代，尤其是與過去的好時代比較之下，目前是一個世
界經濟逐漸破碎化，並且受到強勢國家經濟競爭與經濟

敵對的重商主義勢力所主宰的區域經濟領域的複合體 (Hart, 1992；Sandholtz et al., 1992；Rugman, 2001)。

假使這種懷疑論點是對於全球經濟論調的否定，那麼它同樣也是對於初生全球資本主義想法的批判。國家社會主義的崩解，儘管並未否認資本主義是「僅有的一套經濟遊戲規則」，或者資本本身顯然已經成為更加跨國的流通，但論者認為這樣的發展並不能用以證實凌駕與囊括各國家資本主義的全新「加速」(turbo) 資本主義已經產生 (Callinicos et al., 1994；Ruigrok and Tulder, 1995；Boyer and Drache, 1996；Hirst and Thompson, 1999)。相反地，不同的資本主義社會結構持續地以歐洲社會民主複合經濟、美國新自由計畫和東亞發展中國家的模型為主而繁盛。姑且不論其強勢主角的抱負為何，一九九零年代的新自由潮流並未迫使這數者之間產生實際或具體的交集；這樣的潮流也無法宣稱對其競爭者取得全面的勝利 (Scharpf, 1991；Hart, 1992)。在這樣的意義下，「歷史的終結」充其量不過是短暫的。由像是索羅斯 (George Soros) 和比爾蓋茲的企業王國所體現的全球資本主義概念，雖然具備高度的吸引力，但最終也證實是謬誤的想法，因為它忽略了既存資本主義模式

的多元性以及所有資本主義均紮根於個別國家結構的事實。

　　儘管電視節目內所呈現之紐約與倫敦證券交易所的景象，強化了外界認爲資本基本上是「鬆散」的想法，但在眞實世界內，所有的經濟與金融活動，從生產、研究、發展到交易和消費，都發生在眞實而非虛擬的空間。當地點和空間仍舊是財富與經濟力量全球分配的關鍵性決定因素時，去談論「地理的終結」無疑是言過其實的說法。眞正的情況是，在一個幾乎即時傳播的世界內，統合資本或甚至小型企業都擁有較高度流動的選項，無論是大型或小型企業的命運，主要仍取決於地方或國家的競爭優勢或經濟條件 (Porter, 1990、Ruigrok and Tulder, 1995；G. Thompson, 1998b)。即使是在最大型的多國組織內，競爭優勢仍舊必須來自於它們重要的國家創新體系，而生產與銷售也強烈的傾向於地區性集中 (Ruigrok and Tulder, 1995；G. Thompson and Allen, 1997；Rugman, 2001)。換言之，多國企業不過只是「以跨國方式操作的國家企業」，因爲它們的母國基地仍舊是它們持續成功與認同的關鍵基礎 (Hu, 1992) —這可以英國航空公司接受其老主顧 (主要是一些非英國籍的

客戶) 的建議，重新思索其航線策略，將機尾的英國聯
邦旗替換為全球化圖像後所得到的教訓作為例證。此
外，簡要地觀察世界最大企業的前五百名排行也可證實
這樣的觀點，因為排行前五百名的企業其總公司幾乎都
是位於美國、英國、德國或日本 (見表4.1)。實際上，
仔細觀察表4.1便可打破全球資本主義的「迷思」，因為

表4.1 全球五百大多國企業地點

國家／集團	1999年多國企業數量
美國	179
歐盟	148
日本	107
加拿大	12
南韓	12
瑞士	11
中國	10
澳洲	7
巴西	3
其他	11
合計	500

資料來源：Rugman 2001：8, 引自〈The Fortune
　　　　　Global 500〉,《Fortune》, 2 Aug.
　　　　　1999。

我們可以輕易的發現美國企業的全球化拔得頭籌
(Callinicos et al., 1994；Burbach, Nunez and Kagarlitsky,
1997)。各國政府，或至少是數個最有力的政府，因此
仍舊對其跨國企業而擁有充分的談判權，因為後者仍然
需要取得重要的國家經濟資源與市場。企業並未統治世
界。故粗糙的比較跨國企業與國家的經濟實力(比較規
模大小和主要的國民生產毛額)是錯誤的做法。對於跨
國企業經濟力量的確實估計 (比較起國民生產毛額的附
加價值) 則顯示根本沒有排名在全球前五十名的大型經
濟體能夠進入排行 (參見圖4.1左半邊) 。大部分的國
家，仍然在世界經濟中扮演主要的經濟角色。

　　在拆解「鬆散資本」的想法時，懷疑論者的分析擊
潰了認定北方與南方之間的互賴新模式正在產生的說
法。有一種廣受歡迎的信念是相信OECD經濟體的去工
業化，主要是因為將製造業與工作輸出至甫形成與較低
度開發經濟體的後果，在那些地方薪資水準較低，而規
範需求也較低。某些論者認為北方與南方之間的互賴可
以用來界定勞動的新國際分工，亦即開發中經濟體正逐
漸從原物料的生產改變為製造業，而OECD經濟體則正
由製造業轉向服務業。但懷疑論者認為，實際的證據並

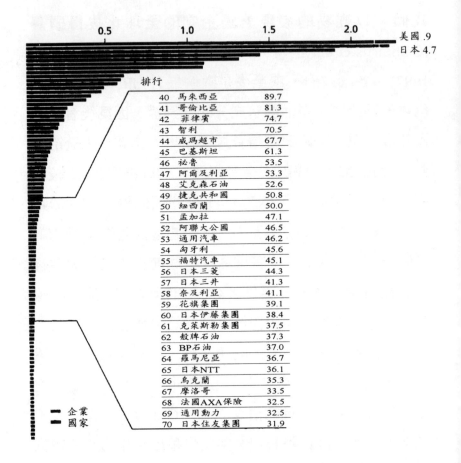

0.5	1.0	1.5	2.0

美國 .9
日本 4.7

排行

40	馬來西亞	89.7
41	哥倫比亞	81.3
42	菲律賓	74.7
43	智利	70.5
44	威瑪超市	67.7
45	巴基斯坦	61.3
46	祕魯	53.5
47	阿爾及利亞	53.3
48	艾克森石油	52.6
49	捷克共和國	50.8
50	紐西蘭	50.0
51	孟加拉	47.1
52	阿聯大公國	46.5
53	通用汽車	46.2
54	匈牙利	45.6
55	福特汽車	45.1
56	日本三菱	44.3
57	日本三井	41.3
58	奈及利亞	41.1
59	花旗集團	39.1
60	日本伊藤集團	38.4
61	克萊斯勒集團	37.5
62	殼牌石油	37.3
63	BP石油	37.0
64	羅馬尼亞	36.7
65	日本NTT	36.1
66	烏克蘭	35.3
67	摩洛哥	33.5
68	法國AXA保險	32.5
69	通用動力	32.5
70	日本住友集團	31.9

■ 企業
■ 國家

圖4.1 誰佔鰲頭：附加價值或國民生產毛額 (以十億元計) 名列前矛之國家與企業

資料來源：Wolf, 2002：7，引自世界銀行與《財富》雜誌的資料

未出現如此戲劇化的轉變，而這樣的論調則以將東亞經驗過度以偏概全 (Callinicos et al., 1994；Hirst and Thompson, 1999)。全球最貧困的經濟體仍舊倚賴原物料的出口，而OECD經濟體則依然主導著製造商品的貿易 (Hirst and Thompson, 1999)。去工業化不能歸因於國外貿易的效果，尤其是從開發中世界出口的廉價輸出品，而應該是OECD經濟體技術的轉變與勞動市場條件的改變的結果 (Rowthorn and Wells, 1987；Krugman, 1994, 1995)。過度膨脹國際勞動分工的改變，我們將容易落入忽視世界經濟深化與持續性的重大危機。姑且不論國際化與區域化的潮流，大多數發展中國家在世界經濟內的角色和地位，在歷經上個世紀的整體發展後，僅有些微的轉變 (Gordon, 1988)。當前國際的勞動分工與馬克思索描述的景況並無太大差異。

假使勞動的全球分工只產生微不足道的改變，那麼我們也可以說世界經濟的統治亦復如是。雖然後一九四五年時代，國際經濟統理出現顯著的制度性變革，尤其是經濟管理與規範多邊系統的創立，如布列頓森林體系 (Bretton Woods regime)，但美國作為全球最大的單一經濟行動者，其一舉一動仍舊對世界經濟的平順運作有著

關鍵性的影響。事實上，世界經濟的統理，尤其是在遭逢危機的時刻，仍舊仰賴最強大的國家 (們) 管制系統的意願—1997年至1998年東亞的金融危機便是重要的例子。然而，即使是在較為穩定的時刻，經濟影響力強大的國家的偏好與利益，說穿了就是七大工業國的政府，最能夠發號施令。經濟多邊主義 (economic multilateralism) 並未改寫國際經濟統理的基本原則，因為它仍舊是一個意志 (might) 壓倒權利(right)的範疇：在此間，相互競逐的國家利益之間的糾葛，最終將透過各國政府之間國家權力與談判的角力來解決 (Gilpin, 1987；Sandholtz et al., 1992；Kapstein, 1994)。在這樣的概念下，多邊制度被視為國家的工具，尤其是那些最為強大的國家。

當然的，懷疑論者的論點並不是意味著世界經濟的統治並未受到國際化提升，以及特別是區域化成長絲毫的影響 (Hirst and Thompson, 1999；Gilpin, 2001)。相反地，他們深刻地體認到世界經濟的守門員正遭遇到最嚴酷的議題，也就是如何改革與強化布列頓森林體制 (Kapstein, 1994；Hirst and Thompson, 1999)。此外，他們也察覺到多邊實體，例如世界貿易組織 (WTO)，以

及區域實體如歐盟在規則制定活動之間持續升溫的緊張關係。從環境到食物製造的新議題，也找到它們加入統治範疇的方式。許多這些議題都高度政治化，因為它們深刻地擊中國家主權管轄的痛腳—現代國家感本身的關鍵核心。

　　但懷疑論者堅持，國家政府仍是世界經濟統理的中心，因為唯有它們擁有管制經濟活動的正式政治權威。當今日大部分國家對於貿易與金融的國際流通程度不一的倚賴，以確保本身國家的經濟繁榮之際，加諸於國家經濟自主性和主權的限制與侷限也就更加明顯，其中又以民主國家為最。然而，以歷史的角度觀之，這些限制並未比以往的時代更為強大，因為誠如前面提及的，過去的國際互賴更形密切。弔詭的是，所謂的好時代的確是民族國家和國家經濟體融合的時代 (Gilpin, 1981；Krasner, 1993)。因此，我們沒有理由認為當代的條件對國家主權或自主性構成了實際的威脅。經濟的互賴並不必然會侵蝕國家的經濟自主性或主權，我們反而可以說，它已經提升許多國家的國家能力。許多研究者認為，全球市場的開放為具體國家經濟成長開啟了更多的契機。如同東亞「四小虎」的經驗所突顯的，全球市場

與強國完全相符 (Weiss, 1998)。但即使是在那些國家統治權明顯地與國際化妥協的脈絡內，如同歐洲聯盟的例子，根據懷疑論者的詮釋，各國家政府有效地透過集體行動將統治權集中，以提升它們對於外部勢力的控制力。懷疑論者並不認為國家政府只是簡單地回應外部經濟勢力，它們察覺到各國政府在最初創造使全球市場得以繁榮的國內與國際必要條件時，所扮演的策略性角色(尤其是那些最強大者)。在這樣的概念下，國家同時作為世界經濟的締造者和從屬者。

然而，國家作為從屬者並未以單一的方式來回應世界市場的變動或外部經濟衝擊。雖然國際金融市場和國際競爭或許會對於所有政府加諸相同的經濟規範類型，這卻不盡然意味著預先設定某種單調的國家經濟策略或政策。這類壓力還會經過國內結構和制度脈絡的中介，因此衍生出國家政府回應能力的無數變形 (Garrett and Lange, 1996；Weiss, 1998；Swank, 2001)。更有甚者，並不存在某種有力的證據能夠證實國際金融規範本身，究竟是否預先排除國家追尋改革性重分配的金融策略，或者，相反的，預先設定福利國家或社會保障強硬政策的消亡 (Garrett, 1996, 1998；Rieger and Liebfried,

1998；Hirst and Thompson, 1999；Swank, 2002)。即使是在歐盟內部，國家福利支出和社會保障的水準依舊有顯著差異的事實，意味著社會民主並未受到全球化的威脅。在懷疑論者的觀點內，大部分的國家政府依然是世界經濟統治內，有效與合法權威的唯一來源，同時也是國際經濟統合和管制的主要行動者。

新全球經濟

對於全球主義者而言，這樣的結論實在讓人難以苟同，因為它徹頭徹尾的忽略了各國政府目前都因為全球市場條件與力量的推力與拉力，而必須持續進行調整的情況。全球主義者同時對於懷疑主義者所提出的證據以及他們對全球經濟潮流的詮釋加以反擊，全球主義者更以當代世界經濟互動已經達到歷史上前所未有的規模與數量作為例證 (O'Brien, 1992；Altvater and Mahnkopf, 1997；Greider, 1997；Rodrik, 1997；Dicken, 1998)。舉例而言，全球外匯市場的每日交易額 (目前是每日1.2兆美金；見表4.2)，約為全球出口年度水準的六倍，而目前世界貿易的規模和密度也遠超過所謂的時代 (見表

表4.2 每日外匯成交額, 1989-2001

	平均每日交易額 (百萬美元)
1989	590
1992	820
1995	1,190
1998	1,490
2001	1,210*

* 根據BIS Quarterly Review期刊 (2001，頁40) 的說法，
2001年交易額的降低有很大一部分是因爲歐盟的成立。
資料來源：國際結算銀行 (Bank for International
Settlements), 2001。

表4.3 商品出口佔1990年國民生產毛額之比例
世界和主要區域，1870-1998

	1870	1913	1950	1973	1998
西歐	8.8	14.1	8.7	18.7	35.8
西歐其他國家	3.3	4.7	3.8	6.3	12.7
東歐與前蘇聯	1.6	2.5	2.1	6.2	13.2
拉丁美洲	9.7	9.0	6.0	4.7	9.7
亞洲	1.7	3.4	4.2	9.6	12.6
非洲	5.8	20.0	15.1	18.4	14.8
世界	4.6	7.9	5.5	10.5	17.2

資料來源：Maddison, 2001：127。

4.3)。多國企業的全球產量遠比世界出口的水準高出許多，且涵蓋世界所有主要的經濟區域。儘管或許移居的數量比起十九世紀而言略顯縮減，但它的確變得更爲全球化。除了少數例外，比起以往歷史中的不同時代，國家經濟目前和生產與交易的全球體系更加深刻地交織在一塊，僅有少數國家，由於國家社會主義的瓦解，而得以免疫於全球金融市場的波動。當代經濟全球化的模式已經編織起一張跨越全球各主要區域的強韌網絡，而使得這些區域的經濟命運被密切地連結在一塊。

雖然全球經濟無法如同最強韌的國家經濟體那樣地高度整合，全球主義者認爲這些潮流毫無疑問的正朝著各區域內部與之間更高度整合的方向邁進。例如，全球金融市場的運作便已經帶動全球主要經濟體利率的趨於一致，但國家匯率體制則均認同浮動匯率的原則。即使是與一九九零年代進行比較，目前各主要國家均是以國家經濟管理的主要國家考量來操作彈性或浮動匯率(Fukao, 1993；Gagnon and Unferth, 1995)。誠如1997年至1998年東亞金融危機的例子，金融整合也可能會因爲某地區的經濟危機而導致傳染蔓延的後果，並迅速地造成全球性的效應 (Godement, 1999)。隨著多國企業的

金融整合模式，國家與地方經濟也跟著被納入全球與區域生產網絡內 (Castells, 1996；Gereffi and Korzeniewicz, 1994；Dicken, 1998)。在這些情況下，各國經濟不再能夠作為財富創造的自主體系，因為國土邊界已經逐漸對經濟活動的執行和組織無關緊要。如同較為激進的全球主義者所言，在這種「無邊界經濟」(borderless economy) 下，國內經濟活動與全球經濟活動之間的差異，就如同任何超級市場裡頭的商品種類所呈現的，正逐漸變得難以區分 (Ohmae, 1990)。

也因此，全球主義者認為當代經濟全球化的階段，和過去的數個階段有著極大的差異，單一全球經濟體的存在已經超越和整合了全球數個主要的經濟區域 (Geyer and Bright, 1995；Dickson, 1997；Scholte, 1997；Dicken, 1998；Frank, 1998)。比較起好時代這個相對來說以高度貿易保護主義與帝國經濟領域為特徵的時期而言，當前的全球經濟顯得開放許多，且它的運作對於全數國家都具有影響力，甚至包括那些名義上「被遺棄」的國家如古巴或北韓也不例外 (Nierop, 1994)。新區域主義的成長也並未將全球尖銳地劃分為數個相互競逐的集團；因為經濟活動的區域化並未以損及經濟的

全球化 (Lloyd, 1992；Anderson and Blackhurst, 1993；
Anderson and Norheim, 1993)。相反地，區域主義大致
上協助並鼓勵經濟的全球化，因爲它主要是以開放區域
主義的模式展現，在此間國家經濟的自由化 (舉例來
說，單一歐洲市場) 也超越了保護市場 (Gamble and
Payne, 1991；Hanson, 1998)。除此之外，也少有證據能
夠證實目前由於全球經濟三個主要中心之間的經濟互賴
(包括美國、日本和歐洲)所產生的三分化過程，有著更
爲強化的情形出現 (Ohmae, 1990；Dunning, 1993；
Gredier, 1997；Perraton et al., 1997；Dicken, 1998；
Haass and Liton, 1998)。儘管當代全球經濟是圍繞著三
個主要的經濟權力中心被加以結構，而不像是好時代或
是戰後數十年早期由美國主宰的情況，我們最好將之理
解爲一個後權威的秩序 (post-hegemonic order)，亦即截
至目前爲止並沒有任何單一中心，甚至是美國，能夠去
支配全球貿易和商業的規則 (Gill, 1992；Geyer and
Bright, 1995；Amin, 1996)。當然地，在這當中仍舊是
一個高度階層化的秩序 (stratified order)，全球經濟流通
有極大的部分 (例如貿易和金融) 都集中於OECD主要經
濟體之間。但OECD經濟體的主導性，也隨著經濟全球

化大幅地改變世界經濟活動和力量的地理性而被稀釋。

　　在過去數十年來，開發中經濟體在全球出口與外幣投資流動 (向內與向外) 所佔的比例大幅成長 (Castells, 1996；Dicken, 1998；UNCTAD, 1998a, 1998c)。東亞和拉丁美洲的新興工業經濟體 (newly industrializing economies, NIEs) 已經逐漸成為OECD投資的重要目標，以及OECD輸入品重要來源—聖保羅 (Sao Paulo) 有時也被戲稱為德國最大的工業城市 (Dicken, 1998) (譯按：聖保羅為巴西的城市，但因德國大量在此設廠，而被戲稱為德國的工業城)。截至1990年代晚期，全世界百分之五十的製造工作均位於開發中經濟體內，開發中國家輸出至工業化世界的商品，卻有超過百分之六十是製造成品，這個數字在不到四十年間，便成長了十二倍之多 (UNDP, 1998)。不同於懷疑論者的論點，當代的經濟全球化絕不僅是以OECD為單獨和主要個案的情形，而是，恰好相反地，是涵蓋全部國家與區域的現象 (UNCTAD, 1998c)。

　　就定義來說，全球經濟是資本主義的，它是以追求利潤的市場原則和生產為基礎而被組織。以歷史的角度觀之，不同於冷戰時期將世界區分為資本主義與國家社

會主義兩大陣營，許多論者認為倘使這並非更早之前的
情況，這也是自從早期現代時期之後的常態
(Wallerstein, 1974；Braudel, 1984；Fernandez-Armesto,
1995；Geryer and Bright, 1995；Frank and Gills, 1996；
Frank, 1998)。然而，全球主義者認為，當前全球資本
主義經濟和較早時期不同之處在於它所具備的特殊歷史
模式。近來數十年，全球體系的核心經濟體已然經歷一
場深刻的經濟重構。在這樣的過程內，它們已經從原本
的工業經濟轉變為後工業經濟 (Piore and Sabel1984；
Castells, 1996)。正如同二十世紀目睹了工業資本主義的
全球擴散，後工業資本主義也於該世紀的末期登場。這
並不是說，如同某些論者堅稱的，此一新全球經濟已經
超越了資本主義「景氣繁榮與蕭條」(boom and bust) 的
邏輯，或是進入一個資訊取代製造品的「微重量經濟」
時代。相反的，金融宰制將使得此一系統更容易陷入危
機，且如同邁入二十一世紀時所發生的，容易導致全球
性同步發生的經濟不景氣。不過，全球資本主義已經歷
經重大的重構。由於這樣的重新結構，全球資本主義的
形式與組織也產生了戲劇性的轉變。論者試圖以「全球
資訊資本主義」、「瘋狂資本主義」、「加速資本主義」

或「超領域資本主義」等詞彙，來捕捉此一新全球資本主義結構在空間組織和動態上所產生的屬性轉變 (Castells, 1996；Greifer, 1997；Scholte, 1997；Luttwak, 1999)。簡單說來，在網際網路的時代，資本—無論是生產性或是金融性，都已經擺脫國家與領土的束縛，而市場則已經轉而全球化，使得國內經濟持續地必須適應於全球競爭的環境。在一個連線化的世界 (wired world)，居住於海得拉巴市 (Hyderabad，譯按：印度的第五大城)的軟體程式設計師可以從事倫敦的軟體設計工作，而只需支付他更低的薪資。在這種新全球資本主義的發展下，我們可以觀察到策略經濟活動不可避免地朝向去國家化 (denationalization) 發展的強大趨勢。

多國企業可以說是此一新全球資本主義秩序的核心。西元兩千年，全球共有六萬個多國企業，並有八十二萬個國外子企業，它們在全球銷售產品與服務共賺得15.6兆美金，且它們所雇用的員工數更是1990年的兩倍 (UNCTAD, 2001, 1998b)。今日的跨國產業已經大幅領先全球出口的水準，且已經成為跨國販售商品與服務的主要方式。根據數據顯示，多國企業如今至少佔世界生產的百分之二十五，以及世界貿易的百分之七十，而它

們的銷售所得更幾乎等同於全球國民生產毛額的百分之五十 (Perraton et al., 1997；UNCTAD, 2001)。在全球經濟的每個部門都有它們的蹤跡—從原物料，到金融，到製造皆然，它們在世界各主要經濟區域的內部與之間進行經濟活動的整合與重新排序 (Gill, 1995；Castells, 1996；Amin, 1997)。一九九零年代間，國外接管與合併的興盛緊縮了世界主要多國企業在全球工業、金融和電信活動的策略領域所具備的支配力(UNCTAD, 2001)。在金融部門內，多國銀行目前為止均為全球金融市場的主要行動者，並在全球經濟貨幣與信用的管理與組織扮演關鍵的角色 (Walters, 1993；Germain, 1997)。全球主義者認為在當代全球經濟內，全球企業資本，而非國家，能夠對於經濟權力與資源的組織、地點和分配發揮決定性的影響力 (Klein, 2000)。這也造成嚴重的不平等，因為國外直接投資 (foreign direct investment, FDI) 的向內流動高度的集中化：儘管較諸過去，整體而言有更多國家成為投資對象，但如今三十個國家便佔據了所有外商直接投資的百分之九十五 (歐洲 — 美國 — 亞洲三者便佔據百分之五十九)，(UNCTAD, 2001)。

　　全球主義者也指出，當代經濟全球化的模式，部分
還因爲多國企業本身的活動而伴隨著新的全球勞動分工
(Johnston, Taylor and Watts, 1995；Hoogvelt, 1997)。
OECD經濟體的重構 (去工業化)，可以被直接關連到由
於亞洲、拉丁美洲和東歐新出現的工業化與轉型經濟，
多國企業製造產品的外包化 (Reich, 1991；Wood,
1994；Rodrik, 1997)。新興工業經濟體如今在全球外銷
佔有極大的比例，且透過整合至跨國生產網絡的做法，
它們已經成爲都會經濟 (metropolitan economies) 的延伸
據點，同時也是其間商業的競爭者。在這樣的概念內，
全球化正將發展中國家重新劃分爲明確的贏家與輸家。
此外，無論在北方或南方，這樣的重構也在國家內部不
斷複製，因爲某些社群和特殊地區都緊密地整合至全球
生產網絡已賺取高昂的利潤，但其他社群與地區則在邊
緣勉強維生。因此當代的經濟全球化爲精英、國家、區
域與全球帶來了一個逐漸同一化的世界，但卻也依照全
球人力資源的差異，將無論是富裕與貧窮國家，逐漸切
割爲贏家與輸家。全球主義者認爲，過去北方與南方的
國際勞動分工已經逐漸被新的全球勞動分工所取代，這
也造成區域間經濟關係的重組以及財富與不平等的新樣

貌，並超越了後工業與工業化經濟 (Reich, 1991；Amin, 1997；Hoogvelt，2001；Rodrik, 1997；Castells1998；Dicken, 1998)。這對於國家經濟策略和福利體制都具有重大的意義。

夾在全球金融市場的限制以及流動生產資本的既有選項之間，全球各地的國家政府都被迫必須採取更為相似 (新自由) 的經濟策略，去推動金融規範、去管制與謹慎的經濟管理 (Gill, 1995；Strange, 1996；Amin, 1997；Greider, 1997；Hoogvelt, 1997；Scholte, 1997；Yergin and Stanislaw, 1998；Luttwak, 1999)。隨著全球競爭的劇烈化，各國政府逐漸難以在不損及國內企業的競爭地位或阻止重大國外投資的情況下，去維繫社會保障或福利國家規劃的既有水準 (Reich, 1991；Cox, 1997；Greider, 1997；Scholte, 1997；Gray, 1998；Tanzi，2001)。無論是以舉債或加稅的方式以增加公共支出，都並不符合全球金融市場的要求 (Gourevitch, 1986；Frieden, 1991；Garrett and Lange, 1991；Cox, 1997；Germain, 1997)。資產稅愈低則經濟開放程度愈高 (Rodrik, 1997)。目前的研究傾向證實所有流動因素的稅率均面對顯著的調降壓力，其中包括資本、投資收

入與最大營收者的利潤。自從一九九零年代中期，
OECD國家的平均企業稅率已經調降約3.5個百分比；租
稅競爭 (tax competition) 幾乎在所有歐盟國家都極爲明
顯，而美國多國企業在開發中國家營運的稅率也大幅降
低 (從1983年的百分之五十四，到1996年的百分之二十
八) (Hertz，2001：12-13)。企業稅的比例持續遭到擠壓
(儘管在2001年中前的數年，由於經濟成長企業稅的總
額不斷攀升)。然而，我們必須注意到各國政府的權力
並未因爲經濟壓力的影響而減少，他們反而試著尋求其
他可能的方式來減輕這個部分的損失，例如將稅收的負
擔轉移到移動性較低的企業或其他較無法移動的資源，
譬如他們的人民身上 (Ganghof, 2000)。某些全球主義者
總結指出，經濟的全球化宣告著福利國家和社會民主的
終結，但其他論者則認爲全球的轉變並不那麼戲劇化，
而是朝向較有限福利國家體制的方向靠攏 (Gourevitch,
1986；Rodrik, 1997；Gray, 1998；Pieper and Taylor,
1998)。

　　經濟全球化逐漸擺脫了各國政府的管制範圍，但與
此同時，全球經濟統治的既有多邊制度也只具備有限的
權威，這是因爲各國均小心翼翼地捍衛著他們的國家主

權，拒絕讓出他們的實際權力 (Zurn, 1995)。在這些情況底下，部份較為激進的全球主義者認為，全球市場實際上已經超越政治管制的範圍，而經濟全球化可能正引領我們邁向「失控世界」的危機 (Giddens, 1999)。因此，各國政府除了調適本身去接受經濟全球化的力量外，並無其他選項 (Amin, 1996；Cox, 1997)。除此之外，既存的全球經濟統治多邊制度，尤其是國際貨幣基金、世界銀行和世界貿易組織，就某種程度來說，他們致力推動相關計畫，以促使全球市場力量能夠對於國家經濟生活發揮更廣泛與深刻的影響，可以說是全球資本與七大工業國家的主要行動者 (Gill, 1995；Korten, 1995；Cox, 1996)。全球經濟統理結構的運作，儘管也是要針對初生的「全球市場文明化」加以規範，但有很大一部分是為了經濟全球化勢力的培養與複製 (Gill, 1995；Korten, 1995；Burbach，Nunez amd Kagarlitsky, 1997；Hoogvelt, 1997；Scholte, 1997)。

　　儘管能夠接受這種激進全球主義的大部分觀點，其他論者 (包括其他不同形式的全球主義者) 也體認到全球經濟的統治結構，的確具備不受全球資本和/或七大工業國所支配一定程度自主性 (Rosenau, 1997；Shaw,

1994；Shell, 1995；Cortell and Davies, 1996；
Hasenclever, Mayer and Rittberger, 1997；Milner, 1997；
Herod, Tuathail and Roberts, 1998)。根據這些研究者的
說法，多邊制度正逐漸成為重要的據點，而較弱勢的國
家與跨國市民社會的行動者也藉此投入經濟全球化的競
逐，而七大工業國與全球資本則發現他們本身在許多事
件中都與多邊制度的決策或規則相互違背。此外，多邊
制度的政治動力傾向調解巨大的權力控制，例如透過決
策的共識模式，也因此他們從來都不只是支配國家或社
會勢力的工具 (Keohane, 1984, 1998；Ruggie, 1993a；
Hasenclever, Mayer and Rittberger, 1997；Roberts,
1998)。除了這些全球制度外，也存在著平行的區域實
體，從南錐共同市場到歐盟均在此列，後者構成了所謂
多層次全球統理系統的其他面向 (Rosenau, 1990,
1997；Ruggie, 1993b)。從國際商會 (International
Chamber of Commerce) 乃至於千禧兩千 (Jubilee 2000
campaign) 等新興跨國秩序的社會力量，均在此一系統
的縫隙內運作，企圖推動、競奪或佔有經濟全球化的力
量 (Falk, 1987；Ekins, 1998；Scholte, 1993；Burbach,
Nunez and Kagarlitsky, 1997；Castells, 1997；Rosenau,

1997)。在這樣的想法下，全球經濟統治的政治比起懷疑論者所察覺得更加多元，因為全球與區域制度都具備一定的獨立權威。從這樣的觀點出發，經濟全球化由於全球統理體系的浮現，而伴隨政治權威的顯著國際化。

第五章

（不當的）管理全球？

　　在那些熱那亞、巴塞隆納、西雅圖和達渥斯的抗議者眼中，全球化不過是由世界上的政治與經濟菁英所操控的謀略—世界民主，且其目的只是為了謀取少數人的利益。他們認為，正是這種以美國為中心的世界民主，主要透過全球統治的正式制度和非正式精英網絡來促進與組織所謂的全球化，其中可作為代表的包括國際貨幣基金、世界銀行、世界貿易組織、七大工業國和國際清算銀行 (BIS)。全球經濟管理的制度主要是由數個強大的權力偏好所主宰，它構成了自由全球統治更廣泛系統的核心，並使得世界及其人民屈從於新自由意識形態與

全球企業資本主義的指揮。相反地，其他論者質疑此一全球統治的結構，認為這過度誇張地看待全球資本的力量，並小覷了全球經濟管理的複雜多邊政治，更遑論全球制度的相對自主性以及跨國市民社會所發揮的抵消力量。在這樣的概念內，全球化的論戰便跨入另一個新脈絡，也就是和權力與統治有關政治生活的基本問題，簡而言之：誰來統治，謀求誰的利益，透過何種手段，追尋何種目標？

誠如我們之前對於政治全球化的討論所顯現的(見第二章)，過去五十年來，全球政治呈現強烈制度化的趨勢。多邊協議、全球與區域制度和體制的濃密網絡，以及跨國政府政策網絡與高峰會的發展，虛擬地規範與干預了跨國活動或全球事務的每個面向，從全球的金融到全球的動植物生態均在此列。全球統治發展的複合體絕不能等同於世界政府的出現，並誤以為它具備至高的法律權威和強制權力，但它也絕不僅只是受到限制的跨政府統合的粗糙體系。因為它涵蓋了一系列的正是超國家實體和區域組織，並以聯合國作為其制度核心(見圖5.1)，同時還包括包含了政府官員、科技官僚、企業代表、壓力團體和非政府組織的體制與跨國政策網絡。透

過七大工業國儼然以全球代理人姿態所操作的活動，以及聯合國全球優先性的規劃，這樣的複合體被賦予某些特定的政治目標。然而，一般而言，全球統治的複合體欠缺國家政府所具備的那種中央化、協調性的政治規劃，或者至少是強大國家政府的理想。基於這樣的原因，某些論者質疑究竟是否有任何有效的全球統治存在，因為目前的體系缺乏了一般政體所具備的特質。此外，以全球統治過去五十年間所達成的結果與目標作為衡量標準，顯然它所能解決全球規模的難題極為有限。然而，很少人能夠全盤否認全球政策決定管轄權或各項面向的擴充，其中最重要的是其觸角逐漸深入各國的國內事務，無論國家的大小，舉例來說，均觀察到世界貿易組織貿易爭端機制的裁決。如同墨菲 (Murphy) 所留意到的，無論其限制與缺點，當前的全球統治系統是一個主要的領域，「在這當中有關財富、權力與知識的競逐紛紛上演」(Murphy, 2000)。接下來的兩個部分主要是在探就有關全球統治的論辯，首先我們將檢視全球主義者陣營內，激進與制度論者的說法，其次，我們則說明懷疑主義陣營內，現實主義者和其他論點的意涵。

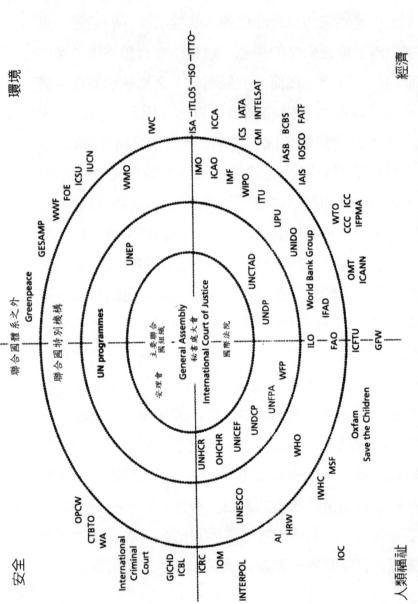

圖5.1 全球統治的組織性基礎建設：一個以聯合國為中心的觀點

資料來源：Mathuas Koenig-Archibugi，「描繪全球統治」，收錄於Held and McGrew, 2002。

主要的縮寫

AI 國際特赦組織(Amnesty International)

INTERPOL 國際刑警組織(International Criminal Police Organization)

BCBS 巴塞爾銀行監理委員會 (Basel Committee on Banking Supervision)

IOC 國際奧林匹克委員會(International Olympic Committee)

CCC 消費者合作委員會(Customs Cooperation Council)

IOM 國際移民組織(International Organization for Migration)

CMI 國際海事委員會(Comité Maritime International)

IOSCO 國際證券委員會組織(International Organization of Securities Commissions)

CTBTO 全面禁止核子試爆條約組織 (Comprehensive Nuclear-Test-Ban Treaty organization)

ISA 國際海底管理局(International Seabed Authority)

ECOSOC 聯合國經社理事會(UN Economic and Social Council)

ISO 國際標準組織(International Standards Organization)

FAO 糧食與農業組織(Food and Agriculture Organization)

ITLOS 國際海洋法院 (International Tribunal for the Law of the Sea)

FATF 金融行動特別組織(Financial Action Task Force)

ITTO 國際熱帶木材組織 (International Tropical Timber Organization)

FOE 地球之友(Friends of the Earth)

ITU 國際電信聯盟(International Telecommunication Union)

GESAMP 海洋污染專家小組(Joint Group of Experts on the Scientific Aspects of Marine Environmental Protection)

IUCN 世界自然保育聯盟(World Conservation Union)

GFW 全球婦女基金(Global Fund for Woman)

IWC 國際捕鯨委員會(International Whaling Commission)

GICHD 日內瓦人道除雷國際中心 (Geneva International Centre for Humanitarian Demining)

IWHC 國際女性衛生聯盟 (International Women's Health Coalition)

HRW 人權觀察(Human Right Watch)

MSF 無國界醫生(Medicins Sans Frontieres)

IAEA 國際原子能組織(International Atomic Energy Agency)

OHCHR 高級人權專員公署(Office of the High Commissioner for Human Right)

IAIS 國際保險監理協會(International Association of Insurance Supervisors)

OMT 世界觀光組織(World Tourism Organization)

IASB Board 國際會計樣準局(International Accounting Standards Board)

OPCW 禁止化學武器組織 (Organization for the Prohibition of Chemical Weapons)

IATA 國際航空運輸協會 (International Association of Transport Airline)

UNCTAD 聯合國貿易與發展會議 (UN Conference on Trade and Development)

ICANN 網域名稱與位址管理機構 (Internet Corporation for Assigned Names and Numbers)

UNDCP 聯合國藥品控制計畫(UN Drug Control Programme)

ICAO 國際公民航空組織 (International Civil Aviation Organization)

UNDP 聯合國發展計畫(UN Development Programme)

ICBL 國際禁止地雷運動 (International Campaign to Ban Landmines)

UNEP 聯合國環境計畫(UN Environment Programme)

ICC 國際商業會議(International Chamber of Commerce)

UNESCO 聯合國教科文組織 (UN Education, Scientific and Cultural Organization)

ICCA 國際化學品協會聯合會 (International Council of Chemical Association)

UNFPA 聯合國人口基金(UN Population Fund)

ICFTU 國際自由公會聯合會 (International Confederation of Free Trade Union)

UNHCR 聯合國難民事務高級委員署 (UN High Commissioner for Refugees)

ICRC 國際紅十字會(International Committee of the Red Cross)

UNICEF 聯合國兒童基金(UN Children's Fund)

ICS 國際船舶行會議(International Chamber of Shipping)

UNIDO 聯合國工業發展組織 (UN Industrial Development Organization)

ICSU 國際科學聯盟理事會(International Council for Science)

UPU 國際郵政聯盟(Universal Postal Union)

IFAD 國際農業發展基金 (International Fund for Agricultural Development)

WA for 瓦斯那協議(Wassenaar Arrangement on Export Controls Conventional Arms and Dual-Use Goods and Technologies)

IFPMA 國際製藥協會聯合會 (International Federation of Pharmaceutical Manufacturers Association)

WFP 世界糧食計畫(World Food Programme)

ILO 國際勞工組織(International Labour Organization)

WHO 世界衛生組織(World Health Organization)

IMF 國際貨幣基金(International Monetary Fund)

WIPO 國際智慧財產組織(World Intellectual Property Organization)

IMO 國際海事組織(International Maritime Organization)

WMO 世界氣象組織(World Meteorological Organization)

INTELSAT 國際通訊衛星組織 (International Telecommunications Satellites Organization)

WTO 世界貿易組織(World Trade Organization)

WWF 世界野生動物基金(World Wildlife Fund)

治理全球化

　　一般而言，全球主義者會接受墨菲對於全球統治特性的說明，也就是認爲它逐漸成爲推廣與競逐全球化的主要競技場。然而，對於此一全球統治複合體究竟如何操作、是追求誰的利益，且欲達到何種目標，則存在著諸多不同的觀點，這也造成對於全球化統理究竟是否具備確實的能力，能夠著眼於人類福祉進行全球化管理，以對抗利益與主宰權力的支配，仍舊存在許多不同的評估。

　　激進與新馬克思主義的論點認爲所謂的全球統治，不過只是美國進行全球支配行動時，另一個方便的政治掩護，因此，在他們眼中，全球治理只是企業資本主義在全球拓展與維持其勢力範圍的重要工具罷了 (Gowan, 2001)。在後帝國世界內，全球統治的制度性基礎結構正當化了全球宰制的新型態，但這也是主要讓那些最有權勢的國家與社會勢力的利益，能夠披上平等與進步系統的外衣，去追求其特權的工具。實際上，全球統治主要是一種自由的全球統治，因爲其所努力的目標是自由

世界秩序的推廣與提升，在此間全球市場、法律的國際規範、自由民主與人權都被視爲文明化的普同標準(Duffield, 2001)。當然的，這些價值並不是以一種均衡的方式被推廣，我們可以用全球市場擴展與複製過程中存在的優先性爲證據（又可以世界貿易組織的活動爲例），它幾乎排除了所有其他價值。此外，當這些價值相互產生衝突時，這樣的情況可說經常上演，自由經濟體通常都能夠贏得去它自由價值，取得壓倒性勝利。這主要是因爲自由全球統治的工程經常都是以一種不成文的規章所規範，就其結構而言，它保障了西方全球化資本的利益與論調，並往往犧牲了大多數國家、共同體與自然環境的福利(Braithwaite and Drahos, 1999：515)。

隨著生產性與金融資本逐漸變得全球化，自由全球統治的策略優先性也隨著有必要延伸、拓展和保障有效的條件，以維持經濟全球化的持續發展，而逐漸變得愈趨具有主導性。這樣的證據不但展現在國際貨幣基金與世界銀行等組織精力充沛地追求某些結構性的調整政策，以及世界貿易組織推廣貿易自由化腳步的加快與密集化，同時也展現在發展與安全問題的結合，尤其是在911事件的警告之後。對於良善統治、民主和何處需要

進行人道干預(這經常被某些人稱為如同全球的「暴動控制」)的重視的升高，意味著他們企圖圍繞著自由資本主義的模式來穩定世界秩序。經由比較，我們發現，透過實際的全球行動，而以重分配的機制去打擊富裕與貧困國家之間愈趨擴大的鴻溝，無論是官方的協助或是技術性的支援，仍舊對於全球貧困的情況毫無幫助。

自由全球統治將各種不同的企業、國家、技術官僚與世界精英的利益接縫在一塊，透過這樣的過程結晶化了一個初生的跨國資本主義階級，其主要目標是拓展與深化全球資本主義的計畫 (Sklair, 2001)。儘管某些激進派認為企業統治了世界，且/或自由全球統治不過只是跨國資本主義階級的俘虜，其他論者則認為自由全球統治的制度也是企業全球化被競逐的重要場域。在這樣的觀點下，它們可以被視為競爭的據點，並能夠使得減輕(如果無法達到轉型的程度)當前世界秩序剝削性本質的潛質被具體化。

近年來，我們觀察到以往被稱之為全球反資本主義運動的成形與能動性的持續升高(Desai and Said, 2001)。這樣的趨勢體現了社會運動與非政府組織(NGOs)的多元範疇，從無政府主義者到社會民主主義

者，反資本主義運動儼然已經發展為一種強而有力的回應，去對抗由企業主導 (corporate-driven) 以及由國家推動的全球化。同時結合了地方與全球的行動，這些運動利用直接行動，跨國運動與反抗政治來喚起世界的注意，提醒人們不可為了全球市場的操作而犧牲了人類與環境的安全。最近幾年來，幾個主要的全球與區域組織在召開高峰會時，均必須面對群眾的街頭抗議，其中包括世界銀行、國際貨幣基金與世界銀行業者，八大工業國 (七大工業國加上蘇聯)，歐盟與亞太經濟合作組織。在群眾抗議之外，我們也可以觀察到單一議題的示威活動，其中包括千禧兩千，要求取消負債，而作為多國企業權利來源的全球憲章的多邊投資協議所引起的集體反彈，以及目前要求對於全球金融投機行動徵收杜賓稅的行動，相對而言都已經成功地轉變了全球制度性論域。然而，在那些對自由全球統治抱持更為激進論點的人們眼中，這只不過表面的轉變而非具體的變革。不同於改革，這些批評者堅持全球統治需要的是一個轉變的體系，強調人們比利益來得重要，而地區也比全球來得關鍵。因此，對於那些較為革命性的反資本主義運動陣營而言，他們最關鍵的政治策略是透過突顯其矛盾性 (更

遑論其根本欠缺正當性)，並提醒公眾其暴力邏輯，來使得既有的秩序去正當性並使之能夠被競逐。

新社會運動與反資本主義抗議的結合被視為革新性全球改變的關鍵行動者，他們成為激進論點在看待自由全球統治政治時的重要角色。在那些它們能夠利用國際公共觀點，並在八大工業國內部，或者在八大工業國的領導者與其公眾之間造成不一致之處，他們便能夠替革新政治論域帶來重大的進展。然而，反資本主義運動內部的不協調，以及超國家機構對於全球資本以及美國作為超霸權需求所造成的結構限制，想當然爾也會限制基礎或結構變革的範圍。在許多激進思想家的評估內，這樣的改變因此顯然比較容易導致某種全球危機的類型，這可能是一場嚴重的金融危機，經濟蕭條、戰爭、富裕與貧困之間差異的擴大，或是生態性的浩劫，並使得既有自由全球統治的機制難以採取有效的處置。在這些情況底下，有關自由全球統治更為革新的論點和應變方式，將依據全球社會勢力特殊的歷史形構而獲得策略性的影響力。由於經濟危機和貧窮容易在全球資本主義中流竄，故正如同所有其他的資本主義變形一般，根本變革的條件便根植於自由全球統治複合體的矛盾中。根據

這樣的邏輯推演下來，全球化及全球統治最終將無法以其目前的形式存續，而不僅只是因為目前持續升高的政治反彈。誠如密特曼 (Mittleman) 的觀察，目前普存秩序內部所存在的矛盾和緊張關係，正逐漸「成為改變的引擎，這最後將轉變或甚至摧毀此一系統，開啟一個後全球化的時代」(Mittleman, 2000：242)。

不同於上述對於全球治理的悲觀論點，其他全球主義者的解釋則對其制度性變化，以及它在規範全球化勢力的積極能力抱持著較高的評價。不同於檢視此系統的結構強制力，制度主義者的論點將此系統分割數個組成成分加以看待，探討全球統治的特殊政治是如何在不同的部門型塑出全球政策結果：誰制定規則，如何，且達成何種目標？這就衍生出一個更為複雜與多元的圖像：全球治理作為一個多層次 (multilayered)、多面向 (multidimensional) 以及多行動者 (multi-actor) 的體系，其制度和政治對於全球政策結果的決定性發揮極為重大的影響，也就是說，誰能夠得到什麼。

全球統治之所以多層次，是因為就某種範圍而言，全球政策的制定與執行牽涉到政治統合的過程，以及超國家、國家、跨國以及通常是次國家機構之間的合作

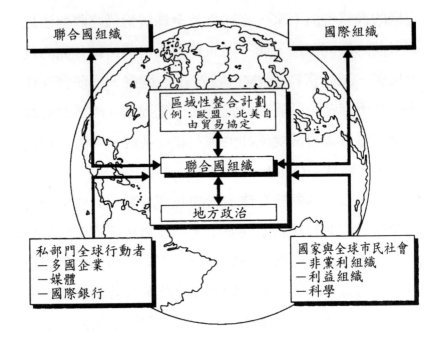

圖5.2 全球治理結構下的行動層次

資料來源：Kennedy, Messner and Nuscheler, 2002：143

(見圖5.2)。以人道援助行動爲例，就通常需要全球、區域、國家和地區機構的通力合作。在這樣的情況下，全球統治的過程比較不是一種直線的層級活動 (由上到下的發號施令與控制)，而是一個需要動員水平整合以及由地區到全球不同層次機構合作的行動—這也產生了政

治與規則制定的全球化。然而，權力與政治的形構會隨
著部門與議題的差異而有所不同，因此政策結果多半都
是協商、聯盟建立、共識與妥協的結果，而不只是由那
些最強而有力的國家或政治勢力所強行加諸的做法。故
全球統治的政治有著顯著的特殊性；全球金融管制的政
治和全球貿易管制的政治便存在著極大的差異。不同於
整體或單一的系統，全球統治最好被理解為一個多面向
或分割的系統。最終，許多全球統治複合體的機構和參
與者不再只是純粹相互管控的實體。我們也可以觀察到
跨國市民社會代表的形成—從綠色和平組織到千禧兩千
以及一連串的非政府組織；而在企業部門—從孟山都公
司 (Monsanto，譯按：生命科技公司，製造大量轉基因
食品)到國際商會和其他貿易或工業協會；以及混合公
共與私人組織，其中包括國際證券管理機構組織
(IOSCO) 或全球愛滋病基金會。除了具有多層次與多面
向的特質外，全球統治也是一個多行動者的複合體，在
此間許多不同的機構都參與了全球公共政策的制定與執
行。

　　當然地，這種對於全球統治基本上多元的觀點，並
不預設著所有的國家或利益都能夠對於它的論述或規劃

具有同等的發聲權,更遑論能夠發揮同等的影響力。相
反地,論者體認到這樣的體系由於特別袒護大多數最有
權勢的國家及其掩飾的利益而遭到扭曲:顯然近年來全
球市場所推廣的全球化,其最優先的目標絕非「讓所有
人雨露均霑」。無論多麼的不公平,但是全球化的確切
本質是為了編織起全球相互連結的濃密網絡,統治的階
層與霸權模式將因為單一區域的不穩定而將持續地造成
嚴重的全球衝擊,而變得較不具效果和正當性。正是命
運交疊或命運共同體的說法,確保了多邊主義能夠用來
緩和 (儘管並未消除) 權力的不對稱。即使是最有權力
者也察覺到,就最低限度而言,倘使沒有提供管道讓弱
勢者及邊緣者正式參與以及默許,則全球難題的有效解
決方式 (無論是恐怖主義或是洗錢) 將難以被執行,並
將對其本身的福祉帶來直接的傷害。在這些「複雜互賴」
的新情境底下,階層的效益普遍而言遠低於多邊統合所
帶來的好處,傳統強權的「強硬」手段,包括軍事力量
和經濟威脅,對於全球治理的變動只能發揮較為有限的
影響力。這也替跨國市民社會的力量創造了新的政治機
會,使其能夠動員可觀的「軟性力量」(soft power) 資
源來達成他們的各種目標。

　　隨著全球傳播革命的到來，公民所組織的團體以及
非政府組織已經獲得嶄新和更有效率的方式，能夠跨越
國土邊界進行組織，且能夠參與全球事務的治理(見第
三章)。不同於二十世紀大多數的國際外交主要都是經
由各國同意後所策動的行動，超國家組織的存在，諸如
聯合國以及世界貿易組織已經創造了一個新的領域，在
此間人民的聲音─那些反抗各國政府的意見─正逐漸被
世界聽見。有些論者認為這是全球聯合性的革命，因為
公民、共同體以及私人利益均組織起來影響全球統治的
施行與內容 (Rosenau, 1990)。綜觀全部的全球論述，從
有關生態性的議題乃至於促進世界基督教各教派合作的
運動，非政府組織以及跨國運動顯然都展現出對於正浮
現的跨國市民社會的關切與興趣。

　　然而，就大體上的情況而言，大部分的跨國運動以
及非政府組織欠缺大多數國家與跨國企業所擁有的經
濟、金融或政治資源。也因此，他們的影響力與政治衝
擊不能夠以所謂的「強硬力量」加以說明，而主要是以
其「軟性力量」發揮功能，換言之，他們很難發揮能力
去強迫或說服他人改變他們的方式，反而是以他們的力
量去重塑他人的旨趣、態度、論域和認同 (Nye,

1990)。在一個媒體飽和的全球環境內，跨國市民社會的傳播力量—也就是觸及全球觀眾以及形塑國際公眾觀點的能力—絲毫不容小覷。明顯的例子在於跨國運動與組織利用不同的政治策略來發揮影響力，包括：

◆ 影響公共態度、旨趣和認同；
◆ 重新界定地方、國基以及全球政治的討論內容；
◆ 提供社團和公民能夠在全球以及區域性決策論域發生的機會；
◆ 運用道德、精神或科技權威；且
◆ 試著讓政府、國際實體和企業能夠對於他們的行爲和決定負起責任。

近期比較成功的跨國市民社會例子包括千禧兩千「減輕負債」的運動、國際犯罪法庭建立的國際聯盟、對抗投資多邊協定的活動，以及渥太華公約內對於地雷的限制。

除了跨國市民社會之外，全球治理中其他有力的非國家勢力通常是那些全球企業帝國以及商業利益的代表。挾帶著大量的資源，多國企業和過多用來代表企業

利益的跨國商業協會—例如世界商業委員會 (World Business Council) 以及國際商會，已經取得特權的位置，其中尤其是在全球經濟統治的層面。但它們的影響力卻遠超出經濟領域，因為只有少數的議題，無論是全球暖化或智利的人權問題，能夠宣稱不受到經濟利益和算計的影響。

全球統治的核心特質在於公共權威與私人權力之間的疆界必須重新描繪。全球統治的面向出現顯著私有化的現象，從科技標準的建立到人道協助的散佈以及透過非政府組織進行的官方協助均在此列。國際會計標準委員會 (International Accounting Standards Board, IASB) 建立了全球的會計規範，而主要的債券評比機構則對全球各國政府與公共權威的信用狀況進行主要的裁量。這種私人化統治大多是在全球公共權威的陰影下出現，但就某種程度而言，企業與私人利益也會影響像是世界貿易組織和國際證券管理機構組織這些實體的討論內容，換言之，我們可以觀察到公共與私人權力之間的混合。當前公共與私人夥伴關係的顯著化，例如全球愛滋病基金會以及全球衝擊 (Global Impact)，彰顯了私人利益在全球政策形成與實踐面影響力的擴大。當然的，因為不同

政策部門之間存在著可觀的差異，這並非只是簡單的單向發展，例如在某些領域的去管制 (deregulation)，如貿易和金融，便可能伴隨著對於其他領域的重新管制 (reregulation) (智慧財產權、核能安全)。某種程度而言，企業社群呈現出各種不同的利益糾葛，因此超國家實體和市民社會力量擁有較多的策略性機會去發展革新性論點。在此一脈絡下，超國家機構並不一定是全球宰制的工具，而是，根據制度主義者的論點，它們具有維護全球社會正義的潛力。我們所亟需的是一個更為透明和民主的全球統治體系。

全球統治的大部分正式業務都在未受公眾檢視的情況下被執行。事實上(誠如在第二章內提及的)，全球公共政策的形成與執行有很大一部分都發生於跨政府網絡(例如金融行動工作小組 (Financial Action Task Force, FATF))、三部門網絡 (公共、企業和非政府組織：諸如世界水壩委員會 (World Commission on Dams Forum) 以及Roll Back Malaria Initiative)，和跨國網絡(例如國際會計標準委員會，前身為國際會計師聯盟)等逐漸延伸的脈絡內。這些網絡 (無論是特殊性或制度化的) 都已經逐漸成為統合專家研究與各國政府、跨國組織、企業和

非政府組織部門 (例子包括全球水資源伙伴 (Global Water Partnership) 和全球疫苗與免疫聯盟) 內功能的重要機制。它們的功能包括設定政策議題、傳播資訊、制定規則，以及政策規劃的建立與執行—從金融行動工作小組對於防制洗錢所採取的方法，乃至於全球對抗愛滋病的策略行動均在此列。這些網絡有許多都具備純粹官僚式的特質，但它們同時也成為市民社會和企業利益能夠有效鑲嵌於全球政策過程的主要機制。就某些部分而言，這些網絡的增加是對於多邊實體負荷超載與政治化的回應，但它同時也是全球政策議題及傳播革命技術複雜性持續增加的後果。這些發展讓我們必須去關切全球決策制定究竟是否民主此一關鍵的問題。

那些抱持著制度論觀點的全球主義者傾向於認為超國家統治所缺乏的透明度與權責相符，可說是限制其有效性與正當性的關鍵因素。但他們並未主張全然的將之拋棄，而是認為應致力於其民主改革 (見第八章) 。這些制度主義者認為超越國家的統治可以說是現代政治生活的長期特質，因為在一個相互倚賴的世界內，國家和社群能夠透過他們政策與行動的策略性統合來獲得功能性的利益，而超越國家的統治也應運而生 (Keohane,

1984)。超國家制度之所以極為重要，是因為他們為國家及其公民獲取重大的利潤─倘若缺乏這些制度將損及人類的福祉與安全。同樣的，他們「賦權給各國政府，而非束縛他們」(Keohane, 1984：13)。值得一提的是，透過產生多邊、跨政府與跨國政治的不同模式，超國家制度也緩和了權力政治的影響力。後面這項功能不只能夠限制強權國家，同時也創造出更嶄新全球政治的可能性，藉此全球化能夠以全體利益為治理的目標，而不僅只是顧及少數者的利益。

全球治理的限制與不足

對那些抱持較為懷疑觀點的論者而言，這種道德上的激勵，儘管全然值得讚揚，但卻僅只是烏托邦。這些懷疑論者，無論他們側重的是權力政治的現實或是全球壟斷的資本主義，並不否認近年來國際管制的確有著顯著的擴張，且它也的確牽涉到國家、市民社會和國際組織之間的複雜政治。相反地，身為現實主義意見領袖的吉爾平 (Robert Gilpin) 宣稱「世界經濟的迅速全球化已經將治理的議題提高為國際經濟的首要議題……戰場已

經延燒至整個世界，而參與者的種類以及數量都大幅的成長，其中包括國家、國際組織以及非政府組織」(Gilpin, 2001：378，402)。然而，這些懷疑論者真正極力反對的是認為這可能有助於全球治理體系超越地理政治，甚至是那些認為全球制度，伴隨著跨國市民社會的機構，對於全球事務的執行層面擁有任何實際權力的天真想法。

　　對這些思想家而言，地理政治的現實，尤其是美國的超霸權，仍舊是他們所謂的國際 (international) 治理 (而非全球 (global) 治理) 發展的主要決定力量。儘管極為微小，但它卻存在實質性而非語義上 (semantic) 的差異。它代表著一種詮釋上的關鍵差異，就某種範圍來說，超越國家的治理被理解為主要是一種跨政府的事務──是由權力政治所主宰，且如同歷史上我們所知的那般爭奪著相關的國家利益 (包括國家壟斷資本主義之間的競爭) (Krasner, 1985)。在這樣的觀點內，多邊主義不但沒有馴化權力政治或建立法律的國際規範，它只不過是另一個爭奪權力和國家利益的機制罷了。

　　國際治理是世界秩序的偶然而非其制度化的特質：它之所以能夠存在，且能夠持續存在，完全是因為那些

最有權勢的國家認定它能夠符合它們的國家利益。因此，國際制度基本上欠缺獨立的權力，且大體上它所發揮的功能是作爲那些最具主導性國家和國家聯盟提升其利益的工具。具體的證據在於它們的權力不但在於正式制度中遭遇限制，諸如鑲嵌於許多國際組織中的加權投票體系與制度性的否決權，更常見的還包括在非正式的情況中，眾所週知的集體規範或政策 (即使這些是爲了追求全球利益) 無法被加諸或者用來規範那些最有權勢的國家。就全球議題的整體範圍而言，從人道干預以消彌貧困乃至於全球暖化的議題，主導國家正式與非正式的「否決權」(veto power) 對協調全球行動構成了實際的限制。國際治理，在某些關鍵的層面，可以說是老式帝國主義的現代版本，因爲它代表著一種特殊的政治機制讓強勢者支配弱勢者的全球體系得以擴張 (Callinicos et al., 1994；Gowan, 2001)。

　　這樣的統治代表著全球權力階層所影響的不只是制度性的結構，同時也左右著國際統理的實質目的與優先性。當前的自由世界秩序—也就是自由貿易與難以限制的資本流通—儘管它仰賴於其他七大工業強權的認同，但主要可以說是美國全球霸權的產物。美國的結構權力

因為全球制度的存在以及世界秩序的自由組成而被強化和拓展。國際統治，就像是全球化般，因此只不過世界秩序美國化的過程罷了。誠如一位重要的懷疑論者數十年前所觀察到的，「權力可以說是政府不可或缺的工具。想要國際化政府則實際上意味著想要國際化其權力；而國際政府，說穿了，是由能夠支援足夠權力以達成管理目標的國家所治理」(Carr, 1981：107)。當然地，這並不是說此一系統只是美國政策或西方利益的輸送帶，因為這些制度也正是那些它們的支配遭到反抗的場域。然而，對於懷疑論者來說，「強硬權力」——亦即，經濟與軍事的意志——而非「軟性權力」，在國際治理組織結構、模式和結果時，仍舊占有極為重要角色。基於這樣的原因，多數的懷疑論者質疑，倘若美國政策並未產生深刻的轉變，或者美國霸權並未經歷根本的挑戰，那麼國際治理便很難能夠對於全球化產生影響，或者提升全球社會正義。

懷疑論者對目前針對全球治理的大部分既有論述不具反省性這一點大加抨擊。這樣的懷疑論點來自於以下三個主要的結論：全球主義者的解釋傾向於誇大全球制度與市民社會的自主性權力與效能；美國霸權，而不是

國際治理，才可以說是自由世界秩序得以維繫和管理的主要來源；且，最後，無力超越全球治理的表現，去深入探究隱藏於其間的權力結構，大多數全球主義者的「囈語」代表著對於全球化國際治理的當前情況，以及未來可能性根本上的分析謬誤 (參見表5.1對於懷疑論者與全球主義者觀點的總結)。

而對於全球治理最為致命的批判，是認為它仍舊無力打擊或緩和逐步攀升的全球貧困與失序。有什麼道理讓我們可以在全球失序、貧困與不平等如今達到歷史新高的情況下，去主張全球治理的確存在？只需要這個理由，大多數的懷疑主義者便能夠總結指出，全球治理只不過是一個時候未到的理想。

表5.1　全球治理的不同詮釋

	懷疑主義者	全球主義者
誰來統治？	美國，七大工業國 對 國家壟斷資本 透過支配性資本主義國家	美國，七大工業國全球理事會，跨國資本主義階級（非正式帝國） 對 機構的多元化： 國家/超國家，政府，非政府和企業，隨著不同議題而有差異
追求誰的利益？	美國，西方，國家利益 對 國家資本	全球企業資本主義， 美國和七大工業國 對 在一個扭曲的全球治理結構下，多元全球和特殊利益隨著議題而有不同
達成何種目標？	維繫美國／西方支配權，維持西方安全共同體，捍衛和推廣開放的自由世界秩序	推廣和複製全球自由資本主義秩序 對 多元目標， 規範和推廣全球化，落實全球公共政策
透過何種手段？	國際制度，霸權和強硬力量——高壓統治，地理政治自由全球治理，	霸權和認同 對 多層次的全球治理：超國家構、體制、非政府組織、全球網絡
改變的主要來源？	倚賴對於美國霸權的挑戰	依賴全球資本主義的結構限制，及其受到不同反資本主義勢力的競逐 對 複雜的全球互賴、跨國市民社會的機構以及政治活動/治理的全球化將導致轉變的產生

第六章

分裂的世界，分裂的國家

　　讓我們來看看一個令人震驚的事實，在開發中國家裡，每天大約有三萬名五歲以下的兒童因為那些在西方世界已經絕跡的疾病而死亡。根據估計，若要提供那些目前缺乏照護的民眾最基本的醫療照顧，每年需要花費一百三十億美金，比起歐洲與日本民眾花費在日常飲食與寵物食品的支出，還少了四十億美金 (Thomas 2000)。這種生命機會的極端缺乏並不僅限於衛生的部分，幾乎所有有關全球發展的單項指標都重複著這樣的情況。舉例來說，全世界每人平均所得在西元兩千年時約為美金七千三百五十元 (World Bank 2001b)。這個數

字背後隱藏的是生活於世界上富裕地區的九億人口的平均所得，以及生活於貧窮區域的五十一億人口之間的巨大差距，前者的平均每人所得為美金兩萬七千四百五十美金，而後者則只有三千八百九十美金 (World Bank 2001b)。那些有幸居住在富裕西半球的九億人口，佔了全球消費支出的百分之八十六，世界收入的百分之七十六，百分之五十八的世界能源消費量，百分之四十七的碳排放量，同時佔有全球電話線路的百分之七十四。相對的，世界上最貧窮的十二億人口只分得百分之一點三的全球消費支出，百分之四的世界能源消費，全球百分之五的魚類與肉品消費，以及百分之一點五的電話線路。全球性的不平等以及所有源自於此的衍生物，無疑地是造成「今日人類困境的最大根源」(Pogge 2001:8)。

對於許多人來說，造成這個困境的主因是全球化，特別是目前新自由主義的經濟全球化模式 (Thomas 2000; Wade 2001b)。透過決定世界經濟的生產力與財富的分配以及分布位置的過程中，經濟全球化對於形塑全球不平等與相互排斥的模式具備根本的影響力 (請參見第四章)。這些模式對於全球的家戶、社區與國家的財

富與物質前景帶來重大的結果。它們同時也影響著未來
全球的穩定與秩序。然而，儘管對於目前人類所遭遇的
悲劇已經存在著一定的共識，但是在兩個基本的面向上
卻存在著極大的歧見：第一，是否存在著決定性的證據
指出全球性的貧窮與不平等實際上仍在惡化之中；第
二，如果這樣的趨勢能夠被加以證明，我們是否就能將
全球化視為造成全球貧窮與相互隔絕的主要因素。許多
有關全球性貧窮與不平等的結果與補救的爭論，皆起自
於對於這兩個問題的不同回應。在這兩個問題上，支持
全球化的人士或是對於全球化表示懷疑的人士之間存在
著某種程度的差異：但是他們之間的智識界線卻越發模
糊。原因在於無論是支持全球化或是反對全球化的人
們，儘管大多數都能對於這個問題的嚴重性達成共識，
但是兩個陣營內部對於如何標誌全球不平等的潮流以及
造成全球不平等的原因卻有著根本性的不同。

一個分裂的世界？

在支持全球化的陣營中，對於這些議題抱持著截然
不同的的看法。廣泛說來，我們可以將對於全球化的看

法區分爲新自由主義的論述以及較爲激進的轉型論觀點。實際上，兩者的觀點可說是南轅北轍，帶來了對於當前的全球境況的多樣分析。這些差異也延伸到對於全球不平等、全球不平等的根源、結果與改善方式的主張。

　　儘管對於世界上的富裕國家與貧窮國家之間的絕對差距 (absolute gap) 是史無前例的巨大，同時仍在加速擴大的事實—目前富裕國家與貧窮國家的所得差距是一九六零年代的兩倍—存在著普遍的共識，對於新自由主義者來說，這項事實對於理解全球不平的趨勢並無意義 (UNDP 1999)。他們認爲絕對差距是兩個世紀以來工業化的產物，而更能貼切於此種趨勢的指標應爲相對所得的差距[1] (relative income gap)。世界銀行 (World Bank) 以及聯合國發展計畫(UNDP)的研究指出經濟合作暨發展組織 (OECD) 的會員國與其他國家的相對所得收入的差距正在縮小，從一九七零年代佔全球平均收入高達百分之八十八，縮減到一九九五年的百分之七十八 (World Bank 2001a; UNDP 2001; Wade and Wolf 2002)。當然，不同地區的情況也差異甚遠，東亞與南亞正在快速縮短差距，然而在撒哈拉沙漠以南 (sub-Saharan

Africa) 的地區，差距卻仍在逐漸擴大 (UNDP 2001)。
如果全球不平等的情況相對來說正在縮減，另一個同樣
重要的事實就是絕對貧窮 (absolute poverty) 的程度也正
在降低。相較於一九八零年代，有兩億人口處於絕對貧
窮的困境—絕對貧窮指的是每日維持生命的費用低於美
金一元—時至今日，處於絕對貧窮的人口，已經從佔世
界人口比例的百分之三十一降到百分之二十 (Wolf
2002)。因此，如同沃夫 (Wolf) 的結論，「過去二十年
以來，我們不只在絕對貧窮的部分看到減低的傾向，我
們同時也看到家戶之間全球不平等情況的緩和」(Wolf
2002)。

　　根據新自由主義的觀點，假如全球經濟情況有所改
善，那麼全球化應該是視爲能帶來幸福的力量，而非如
其他許多對全球化的批評所認爲的。由於全球化促進了
貿易與投資的流動，對於經濟成長貢獻卓越，並且因此
讓人們脫離貧窮 (World Bank 2001a)。全球化賦予了南
半球國家發展的前景，同時讓整個世界變得愈加平等，
而非只是帶來驚人的經濟成長與升高不平等的結果。一
種新的全球分工已經形成(請見第四章)，例如多國企業
將生產與投資轉向新興工業化國家，爲這些國家創造新

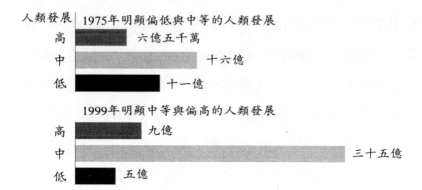

人口資料僅包含同時能收集到1975年與1999年的資料的國家

圖6.1　全球人類發展的結構如何轉變
資料來源：UNDP 2001:11

的發展機會。在過去四分之一個世界的劇烈全球化中，我們可以看到在促進人類發展上已獲得長足的進步 (見表6.1；UNDP 2001:11)。因此，新自由主義的看法意味著經濟全球化是降低全球貧窮的唯一有效途徑，而造成持續性不平等的原因，主要是某些國家無法快速或是深入地整合進入世界經濟之中。不只如此，他們認為全球化更是根絕貧窮最關鍵的解藥。

　　相對的，對於正統的新自由主義觀點抱持著高度批

判的的陣營來說，全球化只是扭曲了全球人類的生活條件。貧窮與不平等的問題並未減少，反而更加惡化，因為經濟全球化所產生的利益並未在全球或是國家之內公平地分配。在一九八八年到一九九三年期間，全球家戶的不平等劇烈地增強，而自一九八二年以來國家內部產業薪資的不平等也明顯的擴大 (Wade 2001b; Wade and Wolf 2002)。除此之外，儘管全球生活於貧窮線 (每日生活所需低於美金一元) 以下的人口有著明顯地減少，從十三億人口降低到十二億人口，但是對於這個數字計算的正確性仍舊有著許多疑問 (Wade and Wolf 2002)。至少在事實上，有許多單一測量指標，從收入差距到健康差異，富裕與貧窮國家之間的鴻溝仍不斷擴大 (Bradshaw and Wallace 1996)。在一九六零年，世界上最富有的百分之二十的人口的收入，是最貧窮的百分之二十的人口的三十倍；而到了一九七四年，兩者之間的差距擴大為七十四倍 (UNDP 1997)。韋德 (Robert Wade) 著名的香檳杯圖 (champagne glass) 赤裸裸地顯現出在全球經濟中，富裕國家與貧窮國家之間的巨大落差 (請見圖6.2)。兩者絕對差距的擴大之所以帶來嚴重的問題，一方面是因為這樣的情況造成全球性的獨占與失能

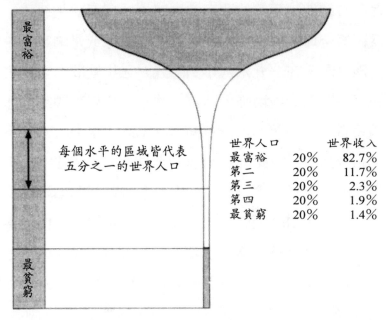

世界人口的
收入分佈

每個水平的區域皆代表
五分之一的世界人口

世界人口		世界收入
最富裕	20%	82.7%
第二	20%	11.7%
第三	20%	2.3%
第四	20%	1.9%
最貧窮	20%	1.4%

圖6.2　富裕國家與貧窮國家的「香檳杯」不平等模式

資料來源：Wade 2001a

(disempowerment) ，同時也造成全球化的道德與政治基礎的不穩定。

在對於全球主義抱持著更為激烈地批判的觀點中，他們認為不平等的擴大不僅存在於富裕國家與貧窮國家之間，不平等與貧窮同樣也會發生於國家之中。新的全

球勞動分工只會重組全球不平等與獨占的模式，而不會
對此帶來任何改善。世界不再以一度極為重要的地理界
線來加以劃分，像過去般的區分為北半球與南半球，而
是展現出一種新的社會型構 (Castell 1998; Hoogvelt
2001)。這種新的社會型構跨越了地域與文化的界線，
將人類區分為精英、資產階級、邊緣化團體 (margin-
alized) 以及赤貧階級，將世界重組成一個區分為全球化
的贏家與輸家的世界。

　　就這個角度來說，經濟全球化是造成全球不平等的
主要原因，因為資本的流動重新配置了全球經濟中的職
業與生產分佈，貿易關係激化國際間的競爭壓力，而全
球金融也限制了國家提供福利以及重分配的能力
(Rodrik 1997; Tanzi 2001; Thomas 1997)。這樣的情況造
成四股相互增強的動力：由於生產與金融的整合，全球
的勞動人口逐漸被分割為贏家與輸家；而跨國與國內的
輸家則逐步遭到邊緣化、排除化與貧窮化；社會連帶解
體，因為福利國家無法或是政治人物不願支出費用來保
障最為弱勢的人們；國內、國與國之間以及跨國性的經
濟差距與獨占將越發激烈 (Birdsall 1998; Castells 1998;
Dickson 1997; Gray 1998; Lawrence 1996; Sklair 2001;

Thomas 1997)。根據這樣的批判,新自由主義下的經濟全球化毫無疑問的是造成貧窮全球化以及社會獨占的罪魁禍首。湯瑪斯 (Thomas) 指出,「全球化在一九八零與一九九零年代的全面推進……在國家內部與國家之間的層次…帶來了不平等與其他的風險」(2000: 23, 26)。

　　貧窮的全球化所造成的威脅不僅限於危害人類的安全,同時也破壞了全球化本身的進展。正由於全球化不對等地將世界與國家劃分為富裕與貧窮、獨占與排斥、賦權 (empowerment) 與失能的兩極區域,造成世界秩序的嚴重動搖,我們看到越來越多的國家走向失敗、越加激烈的跨國恐怖主義、基本教義派的興起、跨國的組織性犯罪以及民族與宗教的衝突 (Castells 1998)。由於經濟全球化並非安全無害,因此我們可以推論下去,一個「新蠻荒時代」(new barbarism) 即將出現,使得全球性的「和平區域」紛爭不斷,而貧窮、排斥、失能與不平等將強化這樣的結果。

　　若想解決這些問題,我們必須重新組成一個更為穩固同時有能力管制市場的全球統理系統(UNDP 1999)。所謂的「華盛頓共識」(Washington Consensus) —強調自由化、去管制化與自由貿易—為近來針對金融發展的

蒙特利共識 (Monterrey consensus) 開闢了一條坦途 (本共識形成於二零零二年在墨西哥蒙特利所召開的聯合國金融發展會議)。人類的安全與發展必須優先於全球市場的需求。正如同布列頓森林 (Bretton Woods) 會議為開放世界經濟秩序以便帶來社會民主的主張創造了一個可資運用的架構，但也因此有許多的全球主義者認為這個體系無法超越當代的政治想像，無法帶來一個全球性的新政 (New Deal)，以便在維護人類安全與世界秩序的前提下統制全球化的發展 (請見第八章)。

全球不平等的持續

對於全球化抱持著懷疑的人們同時對於當代全球化的嶄新與重要性提出質疑。他們從一個長遠的歷史觀點來加以理解，認為全球的不平等與貧窮已經成為世界秩序中持續性的特徵 (Krasner 1985)。儘管某些較為正統的分析強調，就長期而言，不平等與貧窮的問題已有所改善，但是兩者近來的越加嚴重卻又為眾人所週知 (Fieldhouse 1999)。為了說明這樣的趨勢，懷疑論者強調世界經濟的「糾結」更勝於其他的相關因素

(Callinicos et al. 1994; Gordon 1988; Hurst and Thompson 1999)。當貿易、投資與技術的流動逐漸集中到以OECD國家爲核心的世界經濟的時候，大多數的第三世界國家不斷地遭到邊緣化的命運 (Hirst and Thompson 1999; Petras and Veltmeyer 2001)。世界被區分爲核心與邊陲，北半球與南半球，而這樣的區別在當代的全球系統中仍舊是一項重要的結構性特徵。

根據許多傳統的馬克思主義者的觀點，這種結構性的區別與其說是全球化，不如說是帝國主義延續的結果。如同佩翠斯 (Petras) 與維特麥爾 (Veltmeyer) 所指出的，全球化「並非是一項特別有效的用詞…我們可以對照到另一個更具說明價值與解釋力的用語：『帝國主義』」(2001: 12)。隨著經濟活動逐漸集中到以OECD國家爲主的核心區域，許多第三世界國家的發展前景也隨之遭到限制與阻礙。今日經濟活動的核心區域則獲得驚人的發展。透過自由主義下的全球統治機構進行管制，像是國際貨幣基金與世界貿易組織，這樣的國際經濟行爲模式將強化宰制與依賴，不平等與貧窮的歷史結構 (Cammack 2002; Pieper and Taylor 1998)。因此，貿易與外國投資所帶來的利益不對稱地流向主要的資本主義經

濟體，使得富裕國家與貧窮國家的鴻溝越來越擴大
(Burbach et al. 1997)。是受到核心資本主義 (metropo-
litan capitalism) 的剝削動力所驅使的西方帝國主義必須
為全球性的貧窮與不平等負起責任，而非所謂的「全球
化」。只要帝國主義存在一天，全球不平等的情況也將
延續下去。

　　至於其他質疑的聲音，儘管接受全球不平等是全球
化議題中最侯棘手的問題之一，則把重心放在帝國主義
的概念上 (Gilpin 2001; Krasner 1985)。儘管大家普遍地
承認經濟力量所形成的全球結構形塑著發展的背景脈
絡，但是事實上，東亞與拉丁美洲在一九八零與一九九
零年代的快速發展，使得國家的發展策略與有效的經濟
統治所扮演的關鍵角色成為關注的焦點。事實上，開發
中國家的經濟前景是越來越分歧的 (請見圖6.3)，從赤
貧地區，像是撒哈拉沙漠以南的非洲地區，到地位與日
俱增的新加坡，這樣的情況意味著全球不平等與貧窮的
模式並非是全球經濟的「剝削」結構可以單獨解釋，或
者甚至連主要原因都稱不上 (Landes 1989)。簡而言
之，國家仍然扮演著關鍵的角色。除此之外，國家與地
區性的因素，從資源存量到國家能力，對於想要擺脫貧

窮的國家或社群來說，或許是更為重要的因素 (Gilpin
2001; Hirst 1997; Weiss 1998)。如同一位重要的懷疑論
者觀察到的，全球化的重要性與影響力不僅與日俱增，
同時也讓學者忽略了「國家仍持續透過它們的權力來執
行政策，用最符合它們的國家利益……與能從國際經濟
行為獲得更多好處的方式來引導經濟力量的進展」

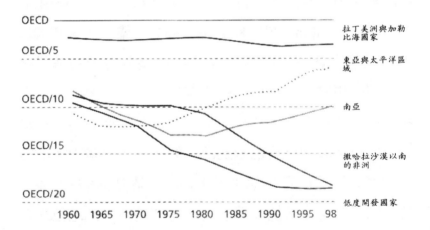

高所得OECD國家排除了被界定爲開發中國家、以及位於東歐地區
與前蘇聯的會員國

圖6.3　開發中地區與高所得OECD國家之間的所得比
　　　較，1960-1998 (地區每人平均GDP與高所得
　　　OECD國家每人平均GDP的比值)

資料來源：UNDP 2001: 16，根據世界銀行的資料

(Gilpin 2001: 21)。從這樣的論點來看，全球不平等與貧窮的愈加惡化更可說是國家失敗的結果，更勝於全球經濟秩序的結構因素。因此，若想根除全球不平等的問題，我們要做的事還有很多，而不僅僅只是提出帝國主義或是為解決而貧窮推展全球化等空洞的口號。

對於那些對於全球化抱持質疑態度的現實主義者來說，例如吉爾平 (Gilpin)，採取多邊的重分配來處理全球不平等的問題，將因為兩個原因而注定走向失敗。第一，對於國家來說，在一個透過權力政治作為宰制實體的世界中，因為國家之間相互利益所引發的區域衝突，將使得不平等的問題沒有根絕的一天。國家將永遠尋找著勝過與它們最為接近的競爭者的方式。第二，全球性的機構再也無法有效地確保富裕國家(並非完全出自於利他的動機)能夠執行公平分配全球財富與所得的政策，使得符合公義的國際秩序似乎不可能有降臨的一天 (Krasner 1985)。這些嚴肅的事實形成了一個結論，也就是只有在國家的疆界之內—國家就像是個道德社群—才能建立合法而有效的方式來解決全球社會不公義的問題 (Hirst and Thompson 1999)。

儘管全球性的措施或許能更簡單地管理某些世界市

場所帶來的惡果，我們卻只能透過國家福利政權的組織，以及國家的福利與經濟權力所決定追求的目標，與全球貧窮與不平等成功地進行長期的對抗。相對於許多懷疑論者的觀點，國家政府仍就是唯一適當而有效的機制來修正與對抗全球不平等與不對稱發展的困境—因為國家必須實現「政治上的良善」(Gilpin 2001; Hirst and Thompson 1999)。

---

1. 相對所得差距測量的是一般個人與世界平均所得的差距，以前者除以後者的的百分比顯示。

◈ 第七章

世界秩序，道德的基礎

綜觀現代有關政治良善 (political good) 概念的討論，大多環繞在國家制度與實踐的層次；國家曾經是雄心勃勃的政治生活概念的道德性與智識性的出路 (Dunn 1990: 142-60)。總的來說，政治理論將民族國家視為固定的參考點，並且企圖將國家置於自然而適當的政治良善形式的詮釋核心。國與國之間的關係當然成為分析的主題；但是，特別是近年來，它們很少被當作政治理論與政治哲學的核心要素而被加以檢驗。獲得重視的是則是領土性的政治社群，以及它們與所欲的目標以及政治良善的許多可能關係。

道德界線的政治社群

　　自由主義的民主理論與實踐對於這樣的情況添加了
細微但是重要的修正。在自由主義的民主架構中，雖然
領土性的界線與民族國家爲政治良善劃下了適當的空間
界線，但是政治良善的說明仍與公民權有著直接的關
係。現代國家的理論傾向在國家的權力與人民的權力之
間作出清楚的對比 (Skinner 1989)。

　　對於早期的國家理論學者來說，例如霍布斯
(Thomas Hobbes)，國家代表的是一個特定的社群或領
土中，至高無上的政治參考點 (reference point)；國家獨
立於國民與統治者之外，而擁有本身獨特的政治屬性
(1968：十六到十九章)。相對的，民主理論學者則傾向
將人民的理念視爲活性的主權主體，理論上人民有能力
建立或是推翻政府。洛克於一六九零年明白地指出，對
於其立法者與行政機關，「社群 (community) 永遠擁有
最高的權力」(1963：413，同時見477)。政治良善源自
於政治參與的過程，並且透過這樣的過程來彰顯所謂的
政治良善，而集體的意志將經由民選代表來加以決定

(Bobbio 1989：144)。合法的權力與權威，或說主權，是歸屬於人民，受到各種組成國家基本共識與合法傳統的穩固規則、程序與制度的約束。民主的善果就在這種受限或是自我約束的機制所構成的脈絡下展現 (Holmes 1988; Dahl 1989)。

有關現代領土性政體的政治良善理論，實際上留下許多仍需釐清的預設 (請見Miller 1995, 1999; Held 1995: 第十章)。這些預設包括某些條件有助於建構與凝聚政治社群：

1. 同屬一政治社群的民眾擁有共同的社會文化認同；也就是說，他們明白抑或未察覺地分享著對於某種特定文化、傳統、語言與家鄉的認識，而這樣的認識讓他們成為一個團體，同時形成他們活動的基礎 (無論是有意識或無意識的)。

2. 政治社群內分享著某種共同的「偏見」(prejudices)、意圖與目標的架構，進而產生出某種普遍的政治性格；換句話說，這是一種想像的「社群命運」，將人們直接與特定的共同政治工程加以連結——也就是他們應當形成某群人來統治他

們的概念。

3. 存在或是逐漸發展出某種制度結構，保障與代表
整個社群，為了其本身的存續與促進公共利益而
運作。

4. 在社群之中，「統治者」與「被統治者」之間，
以及政治決策者與受政策影響的人們之間，存在
著某種「一致性」(congruence) 與「對稱性」
(symmetry)。也就是說，國家性的社群排外地
「組織」他們政府的行動、決定與政策，並在之
後訂定哪些事項對於所屬的民眾是正確而恰當
的。

5. 由於存在著前四項要件，社群的成員享有共同的
權利與義務結構；換句話說，他們可以要求，或
是可以合理的預期獲得某種平等的對待，也就是
說，某些平等的正義與政治參與形式。

如同對於政治良善抱持著懷疑的論點，根據這樣的
說法，在此脈絡之下，透過政治社群的文化、政治與制
度根源，傳統與邊界，將為政治社群及其成員界定適當
的正確概念。而這些概念產生了決定他們的命運與未來

的能量—包括概念的、道德的與組織的。對於這種凝聚
社群的理解是來自於某種牽涉到重要共產主義思潮的正
當性原則：道德的論述無法自外於社群的「生活形式」
之外；政治論述的種類將整合爲特定的傳統；而這樣的
社群價值將優先於個人與全球的需求 (Walzer 1983;
Miller 1988, 1995; MacIntyre 1981, 1988)。

全球的道德

　　全球主義者以前面提到的每個論點來看待議題，指
出政治良善在今日只能透過反省多樣的「社群命運」對
於所屬的個人與團體的影響來加以展現，以及經由政治
形構的全球化強化這種多樣性的方式來喚醒所謂的政治
良善。根據這種全球主義的詮釋，政治良善的確立是來
自於重疊的社群，以及來自於逐步浮現的跨國公民社會
與全球政體。有關於政治良善的爭議應當是關於自然而
適當的全球秩序發展形式的爭議。這種全球主義觀點的
基礎可以從對於之前的五個要點的爭議來加以釐清。

　　第一，從歷史來看，政治社群所分享的認同可說是
密集政治建構的結果；這樣的認同從來就不是與生俱來

的 (請見第三章；Gellner 1983; B. Anderson 1983; Smith 1986, 1995)。即便是在早已建立的社群疆界之中，文化與政治認同也經常跨越社會階級、性別分工、地方勢力、種族團體以及各個世代而產生爭議。存在著某種共享認同並不意味著我們可以直接將它與國家認同的符號畫上等號。這種符號的意義是經由競爭所產生的，而所謂社群的「性格」(ethos) 也經常捲入爭議之中。一個社群的共同價值或許必須經歷激烈的爭辯。正義、權利義務、法律原則與福利不過是圍繞著共同價值而以共通語言加以呈現的幾個用語罷了，而並非幾個如字面上有著巨大差異的概念 (Held 1991: 11-21)。事實上，如果將政治共識界定為社群內部的規範性整合，那麼我們可以發現這樣的實例少之又少 (Held 1996: 第二部分；同時參閱下文)。政治認同只能經由非常態、獨特與個別的現象而產生，例如戰爭。除此之外，當代的反身性 (reflective) 政治機構，面對著極端多樣的資訊與溝通，會受到它們以外的社群的形象、概念、價值、生活型態與理念的影響，並且可以超越它們的疆界來界定該社群的定位：無論是道德的、宗教的、社會的與政治的層面 (J. B. Thompson 1995; Held et al. 1999: ch.8; Keck and

Sikkink 1998)。而且，儘管我們沒有理由假定人們會毫不抗拒地依著這些概念來界定事物，但是某些人或許能夠經由自我選擇找到比「社群給定的成員資格」更重要的理念、約束與關係來作為他們的認同 (J. Thompson 1998: 190; Giddens 1991; Tamir 1993)。文化與政治認同在今日持續地在個人與集體的層次面臨檢驗與重購。

　　第二，認為政治良善來自於民族國家的領土之內的論點，並未考慮或是適當地注意到存在著多樣的政治社群可以讓個人依附；也忽略了個人可以因為不同的理由緊密地參與不同層次的不同社團與團體 (J Thompson 1998)。舉例來說，我們絕對有可能同時在在蘇格蘭、英國與歐洲聯盟中享有成員資格與投票權，而不會對於這三個政治實體的認同或忠誠產生威脅 (請見Archibugi, Held and Kohler 1998)。除此之外，我們也絕對有可能認同跨國社會運動的目標與抱負，例如關於環境、性別或是人權議題的社會運動，而不見得必須放棄地區性的認同。如此的政治定位與忠誠可以連結到國家在面對全球化時，維持單一政治認同的能力已遭破壞。在第一個例子中，全球化將削弱國家傳遞該國國民良善概念的能力，而因此損害國家的合法性以及國民對於所屬國家的

歷史遺產的信心。同時，文化全球化的過程與交流爲社群、政治參與的新管道以及認同的新論述帶來了新的形象。全球化有助於創造嶄新的溝通與訊息模式，同時有利於建立聯繫特定團體與文化的密集網絡，在國家之上、之內與之外形成改變政治關係的動力。逐漸地，成功的政治社群必須與多重的認同、文化與民族團體共存，而非加以對抗。而某種重疊的共識，或許會支撐著這樣的社群，卻經常是碎裂而完全以對於普遍程序的信認爲基礎，舉例來說，解決衝突的程序性機制，而非穩定而給定的價值。國家性的政治性格最多也不過只能發揮最表面的作用。

第三，全球化讓國家面臨「空洞化」，削減國家的主權與自主性。某些全球主義者主張，國家制度與政治機構越來越像「殭屍」，採取某些政治行動但卻無法帶來實質提升福祉的共善結果 (Beck 1992, 1997)。當代的政治策略涉及到和緩的適應全球市場與跨國的經濟活動 (請見第四章)。適應國際經濟，主要指的是全球金融市場，成爲制定經濟與社會政策的重點。這些市場以及它們的領導機構與團隊所發出的「決策信號」，成爲國家制定政策的參照標準。除此之外，這樣的情況伴隨著對

於特殊供給面措施的追求，最重要的是讓教育與訓練成為經濟政策的工具。個別的公民必須被賦予文化以及教育資本，以便因應越來越多 (地區、國家、區域與全球) 的競爭，以及工業與金融資本的越來越頻繁的流動所帶來的挑戰。國家不再擁有它們所需的能力來與政策工具與全球經濟變遷的驅力相互競爭；取而代之的是，它們必須協助個別的公民，透過提供社會、文化與教育資源讓他們前往自己想去的地方。公共政策的參照點是由全球市場與企業所設定。對於公共良善的追求變成同時必須去提升對於這些私人目的的適應。因此，國家的角色，例如領土性社群的保護者與代表、社群成員的資源收集者與 (再) 分配者以及一個獨立於個體之外並且經過審慎思辯的共善的促進者，也同時越加不明顯。

　　第四，國家社群的命運並不掌握在它們的手中。地區與區域性的經濟、環境與政治過程深深地重新界定國家決策的內容。除此之外，半區域與半超國家的組織，例如歐洲聯盟 (EU)、世界貿易組織 (WTO) 以及北大西洋公約組織 (North Atlantic Treaty Organization, NATO)，削弱的既存國家「多數意見」可能的政治選項。同樣的情況，特定國家的決定，不一定要是最具經

濟力與武力的國家，都能發揮跨越邊界的影響，界定或是重新塑造政治領域。因此，國家性的政府無法決定何者對於其國民是正確而恰當的 (Offe 1985)。關於利率、雨林地區的穀物收割、鼓勵或是限制基因改良食品的種植、軍火採購與製造、吸引多國企業前來投資的相關規定的國家政策，以及其他更廣泛的公共事務的決策，從愛滋病到後抗生素 (post-antibiotic) 文化所帶來的問題，將對於鄰近與遙遠地區造成重大的結果。政治社群因此鑲嵌在一個實質的變化範圍中，並因此讓它們與複雜的形構連接在一起。

第五，國家性社群被鎖入區域與全球性的統治網，而這樣的統治網改變與吸納它們為其國民提供普遍的權利、義務與福利結構的能力 (請見第五章)。地區與區域性的程序、組織與制度擴張、限制以及界定各種民族國家能夠提供與傳遞的權益與可能性。從人權到貿易政權，政治權力已經遭到重新詮釋與重構。當代的全球化模式與多層次統理系統、政治權力的發散以及富裕社群與貧窮社群之間的影響力差距加劇的關係越來越密切。「贏家」與「輸家」所構成的複雜格局已經誕生 (請見第六章)。由於被鎖入一個地理上多元力量的配置，國

家政府必須重新思考它們扮演的角色與功能。儘管地區與全球政治關係的強化造成國家政府權力的減退，但是我們也承認，共善的養成與增強前所未有的必須依賴統合的多邊行動；例如，防止全球性的倒退以及提升持續的成長，保障人權並且介入人權明顯遭受破壞的地區，以及採取行動避免環境的災難，像是臭氧層的減損或是全球暖化的問題。有所改變的是討論的場所從政府轉移到多層次的全球統理。因此，政治良善的制度關係已被重構。

這五個爲質疑者，也就是現代民族國家的理論家與擁護者所提出的陳述，每個都可以從全球主義者的立場提出反證。因此，就全球主義者的論點，政治社群以及對於政治良善的需求，可以被理解爲下面幾點：

1. 對應著經濟與文化力量的全球化，以及政治權力的重構，個人越來越經常擁有複雜的忠誠取向以及多重的身分認同。文化產品跨越國界的流動，文化的交流與混合，爲認同重疊的跨國公民社會創造了基礎，我們可以進一步的在跨國運動、機構以及法律與制度性的結構中察覺，它們同時也

將人們凝聚於其中。

2. 區域、國際與全球的資源流動與互動網絡的持續
   發展，以及更多人們認知到政治社群在多元領域
   (包括社會、文化、經濟與環境)互相連結的程度
   越來越高，進而產生了對於需要透過集體處理的
   重疊性「集體福祉」(collective fortune)的感知。
   在區域與全球的用語上，政治社群的形貌開始被
   加以重構。

3. 一個制度性結構的存在同時包含了地區、國家、
   區域與超國家統治的元素。在不同的層次上，個
   別的社群是受到保護與被代表的(儘管經常是不
   完全的)；如果它們想要維持或促進它們的集體
   利益，多邊的進步與內部(地區與國家之內)的調
   整是不可或缺的兩個因素。

4. 複雜的經濟、社會與環境過程，區域與國際機構
   網絡的變化，以及許多由國家與私人組織跨越空
   間界線的決定，對於國家區域的政治議程與策略
   選擇帶來了明確的共識。全球化劇烈地改變一個
   國家社群能向它的政府要求的事物，改變了政治
   人能夠應允與有效傳遞的事項，也改變了政府行

動能夠影響人們的範圍。因此，政治社群經歷了
「重新設計」。

5. 個人的權利、義務與福利如果想要獲得保障，除
了在國家憲法中得到恰當的宣示以外，也必須獲
得區域性與全球性的政權、法律與制度的認可。
政治良善與平等主義的正義原則以及政治參與的
促進，都必須在區域與全球的層次追尋。達成這
些目標的可能性無可避免地會與強大的跨國組織
以及區域或超國家統理的建立與發展產生關聯。
在全球化的時代中，後者是合作關係與管理的必
要基礎。

對照擁護現代國家論者所主張的政治良善觀點，對
於個別的政治社群與其成員來說何謂正確，從全球主義
者的角度來看，所謂的正確必須依循對於帶來國家福祉
與命運合成體的過程的反省。全球經濟、社會、文化與
環境力量的逐漸融合，讓我們有必要對於共產主義與懷
疑論者在政治上與哲學上所持的「孤立主義」重新思
考。當代的世界「並非是一個封閉的社群，並非是一個
思維無法相互溝通，遍佈著自給自足的經濟體以及理想

的主權國家的世界」(O'Neill 1991: 282)。不只是道德論述在國家社群中可以與生活形式相互分離，同時也能在今日重疊的社群、傳統以及語言的交錯與縫隙中得到發展。道德論述的類型逐漸成為經過不同文化、溝通過程以及認識模式的中介所產生的結果。基本上，我們沒有足夠的理由准許個別政社群的價值超越或是優先於全球性的正義原則與政治參與。

　　當然，全球主義者，如同那些懷疑論者，對於這裡所討論的主題有著不同的概念；也就是說，他們對於所謂的全球秩序應該是如何有著非常歧異的觀點，同時也可能加諸道德原則於其中。但是他們在政治良善的來源以及何謂政治良善等概念上，與懷疑論者有著極為顯著的差異。雖然後者堅持道德論述來自於劃有疆界的政治社群，然而對於前者來說，道德論述卻明顯的歸屬於「疆界破滅」的世界，也就是「世界社群」或說全球秩序。

第八章

全球化下的新政治：理想與理論的描繪

　　在前幾個章節談到，有關全球化的本質、程度與影響的激烈辯論，正呼應著關於是否或是如何抗拒、對抗、管理與適應全球力量的政治論辯的再現。極為明顯的，全球化並非如某些驚慌失措的人士所認為的將造成政治的死亡，而是重新闡明了政治領域。在本章中，我們將描繪有關二十一世紀恰當而合乎需求的全球化與統治模式的主要規範性觀點與理論。簡單地說，這是一個檢驗全球化下的新政治的討論：我們能達成以及我們應該達成何種目標？圖8.1界定了六種主要的爭辯論點，雖然各種觀點之間有著顯著的差異，但是我們還是能明

顯的發現在某些領域上它們擁有的共同基礎。我們將依序說明這六個論點，先從新自由主義開始。

新自由主義

　　普遍來說，新自由主義 (有時也被稱呼爲新保守主義)的主張一致認爲政治生活，就如同經濟生活，是(或應該是)個人自由與積極參與的問題 (請見Hayek 1960, 1976; Nozick 1974)。因此，一個自由放任或是自由市場以及「最小國家」(minimal state) 的社會是其中的關鍵。新自由主義的政治安排包括將市場擴張到更多的生活領域；創造一個不會「過度」干預經濟與社會生活的政府；以及消減那些壓抑他們的目的與目標的集團力量(例如貿易聯盟)。就這個觀點來說，所謂的自由秩序與執行要求人們在其地位應當使用哪些手段的原則是互不相容的 (Hayek 1960: 231-2)。若政府干預人們決定他們利益所在的能力，這就是一個專制的政府。除此之外，唯一能充分而敏銳的在個人的基礎上達成「集體」選擇的機制：就是自由市場本身。如果自由市場還受到憲法國家以法律原則的保障，將沒有任何系統能像自由市場

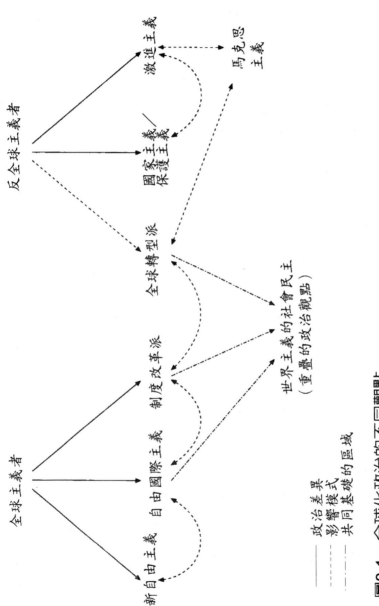

圖8.1　全球化政治的不同觀點

的運作般，作爲一個能動、創新以及具回應性的集體選擇機制 (請見Held 1996: 第七章)。

對於新自由世界秩序的服膺者來說，全球化在人類歷史上界定了一個新的紀元，「傳統國家在全球經濟中，變成是一個不自然，甚至是不可能的商業單位」(Ohmae 1995:5)。就這些思想家的觀點來看，我們正目睹今日一個單一全球市場的崛起，伴隨著作爲人類進步先聲的全球競爭原則。經濟全球化藉由建立跨越國家的生產、貿易與金融網絡，造成經濟的去國家化。在這種「無疆界」的經濟中，國家政府最多不過是作爲全球市場力量的輸送帶。史傳吉 (Strange) 對此提出解釋，他指出「國家一度宰制市場，但是現在在許多重要的議題上卻是由市場來統制國家政府…國家權威的衰退正反映了其他機構與團體的權威越加擴散……」(1996:4)。

對於這個新的全球經濟中的秀異份子與「知識勞工」來說，曖昧不明的跨國「階級」忠誠已經開展，也因爲對於新自由經濟正統論述的信仰而更爲穩固。即便是對於處在邊緣化以及無依無靠的人們來說，散播於全世界的消費主義意識型態仍舊在他們身上強加新的認同意義，逐漸地取代傳統的文化與生活方式。西方自由民主

的全球散佈，進一步地加強由經濟與政治組織的全球標準所界定的新文化意義。這個秩序的統治主要是透過世界市場的規範，並且結合藉由用來消除商業與投資壁壘，以促進全球經濟整合的最小國際統治形式來加以完成。經濟力量與政治力量有效地造成去國家化與擴散，民族國家愈加成為「為了管理經濟事務所產生的跨國組織模式」(Ohmae 1995:149)。根據自由主義的論點，全球化讓創造一個完全的新世界秩序的可能加以實現，人類的自由與習性不再為嚴密的公共官僚與強力的國家政治所妨礙。國家的任務只不過是根本性的重塑世界秩序，以符合人類自由的永恆邏輯。

自由國際主義

作為反對全球競爭與全球市場以前所未有的平和形塑世界的論點，由於察覺到全球相互聯繫的逐漸增強，自由國際主義論者 (liberal internationalist) 認為政治困境需要，並且將帶來更具合作性的世界秩序。這樣的說法牽涉到三個重要因素：互賴程度、民主與全球制度的增強。十九世紀重要的自由國際主義論者認為經濟上的互

賴替政府與人民之間的國際合作帶來了有利的條件 (請見 Hinsley 1986)。因爲他們的命運由於許多重要的經濟與政治議題、國家以及區域性的行動者而被綑綁在一起，進而認知到國際合作對於管理他們共同的命運是不可或缺的。第二，民主的擴散爲國際和平打下了基礎。在民主國家的行動必須對於該國國民公開並且負有責任義務的原則下，國家的行動是遭受限制的。在這樣的情況下，政府不太有機會透過進行秘密政治，而去追求地緣政治的操作以及進行戰爭 (Howard 1981)。第三，藉由國際法與制度的創造，得以管制國際的互相依賴，可以維持更爲和諧的國際關係。除此之外，處於一個越加互賴的世界中，政治權威以及相關國際制度的裁判權將自然而然的擴張，因爲民主社會的福利與安全與全球社會的福利與安全越來越密不可分。

在二十世紀中，自由國際主義的觀點在第一次與第二世界大戰結束後佔據著了領導的地位。國際聯盟 (League of Nations) 的創立以及其對於「爲民主帶來世界和平」的期待，就是充滿了自由國際主義的理念，而國際聯盟也爲聯合國體系的建立基礎。而在後冷戰的新世界秩序的脈絡下，自由國際主義的理念活力再度興

起，但是為了符合新的環境而必須加以修正 (Long 1995)。近來對於這種情況最有系統的陳述可以在全球統治委員會 (Commission on Global Governance) 的天涯若比鄰 (Our Global Neighbourhood 1995) 報告中察見。這份報告承認全球化所造成的深遠政治影響：「時間的縮短、連結的增加以及互相依賴的深化：所有的這些因素以及其中的交互作用，已經將世界轉化為鄰里情誼」(p.43)。本報告的重點在於說明在這個新「全球鄰里」中的民主統治問題。報告中指出：

　　統治應該以各層次的民主為基礎，並且最終應當遵守以法律執行的原則是極為重要的……在國家的層次上是如此，在全球鄰里的層次也不例外：民主原則應當被放到最優位。更為民主的需求因為合法性與有效性的緊密連結而興起……當全球統治中的國際制度所扮演的角色越加吃重時，確保這些制度的民主的需要隨之增加 (pp.48, 66)。

　　但是本報告也強調全球統治「並非指向世界政府或是世界聯邦主義」(p.336)。更有甚者，這份報告理解到

全球統治是由國家、國際組織、國際政權、非政府組織、公民運動與市場所結合而成的一組多元配置，以便管制或統理全球事務。

　　為了建立一個更安全、更正義以及更民主的世界秩序，這份報告提出一項國際制度改革的多面向策略，並且根據「審議、透明以及權責相符的原則」培養新的集體性格，「……只有透過合作與利用集體的力量才是創造一個美好世界的不二法門」(Commission on Global Governance 1995:2, 5)。在許多重要的面向上，若既存全球統治體系的改革停滯不前，這樣的夢想將是遙遙無期；同時改革必須立基於國際制度轉型的政治策略以及培養新的全球公民道德之上。此種論點的關鍵在於一個變革性的聯合國系統，透過加強區域形式的國際統治加以協助，例如歐洲聯盟。透過人民議會與 (全球) 公民社會平台的建立，兩者皆與聯合國大會有關，世界上的人們得以直接或間接為全球統治的組織所代表。除此之外，這個委員會也提議賦予個人或團體透過請願委員會向聯合國請願的權利，這個委員會可以對於相關的單位提出建議。對應普同的全球權利與責任大幅衰退，其目標便是強化全球公民的概念。他們建議成立一個更為開

放，同時更具權力的經濟安全委員會，以便統整全球的
經濟統治。國家之內的民主統治形式可以透過國際支持
體系加以扶助與強化，同時主權與非干預的的原則也以
「認知到國家權利以及人民權利之間，國家利益與全球
鄰里利益之間保持平衡的必要性」(Commission on
Global Governance 1995: 337) 而有所調整。結合所有這
些改革將能依據「所有人類秉持的核心價值：包括對於
生命的尊重、自由、正義與平等、相互尊重、關心以及
正直」建立嶄新的全球公民德行。而全球公民道德的核
心就是從地方到全球，各個層次的統理的普遍參與原
則。

制度改革派

　　當代全球化過程所造成的社會、經濟與政治管理的
紛亂，正是要求一連串劇烈的重要制度改革的起點，這
樣的觀點體現在聯合國發展計畫 (United Nations
Development Programme, UNDP) 主導提供全球性共善
的事實 (請見Kaul, Grunberg and Stern 1999)。聯合國發
展計畫指出，共善不再對等於單由國家所提供的良善。

不同的國家與非國家的行動者對於公共生活的資源與規則系統的形塑貢獻良多，而由於其中某些行動者面臨到全球化帶來最為深遠的挑戰，它們也必須完成這樣的工作。除此之外，由於這些挑戰所帶來的影響是跨越所有國家與地區的公共領域，因此，我們只能透過擴大有關政治良善的特質與措施的公共對話，建立一個嶄新、更為權責相符與合乎正義的全球秩序。

倡導此種觀點的人士認為，許多今日的全球公共政策危機，從全球暖化到愛滋病的擴散，都可以透過政治良善理論得到最佳的理解，而一般說來，所謂的共同利益的最佳保障必須透過全球層次的良善措施加以達成。然而，既存的全球統治制度並無法執行有效的全球公共良善措施，由於三個缺陷讓它們顯得無能為力。首先是司法權的缺陷，因為一個全球化的世界以及國家層次的個別決策單位彼此之間的矛盾，使得誰應當負責處理許多急迫性的全球議題—特別是外部性的議題—的問題浮現出來。其次是嚴重的參與缺陷，既有的國際體系無法提供許多重要的全球行動者、國家與非國家發聲的機會。公民社會的行動者經常被排除於大國與國際政府組織的決策結構之外，這些決策結構就像是「穀倉」，決

策是由上到下，而非一個公開而透明的系統，無法觸及各個其中的環節。第三是誘因的缺乏，這是因為缺少一個超國家的實體，來管制全球公共良善的提供與使用這樣的現實所帶來的挑戰，對於許多急迫的跨國問題，許多國家會尋求透過搭便車的方式解決，而無法找到長久的集體處置方案。

為了克服這些限制，全球公共管理理論主張強化與改革國家以及國際制度所扮演的角色，以增強全球公共良善的供給。與新自由主義的觀點不同，其中的預設是國家仍是制定與傳遞公共決策的重要機制，因此我們必須建立一個有效的國家性與國際性的決策連續體架構 (Kaul, Grunberg and Stern 1999: xix-xxxviii)。對於這三個缺陷的說明為增強多邊合作設定了討論的議題。司法權的缺陷可以透過擴大國家之間的合作，舉例來說，建立明確的「外部性輪廓」(externality profiles)，作為強化彼此之間的互惠關係以及讓外部性問題內化於所有國家的基礎 (將政策的外部花費與利益帶回國家社群)。如果這樣的主張能夠連結到建立對於跨國公共問題所帶來的司法權挑戰的清楚描繪，那麼我們或許不只能建立要求國家對於它們產生的外部問題負起責任的基礎，同時

也能了解新的制度應當被賦予何種地位，也就是說，哪些層面的既有體系必須被加以發展與協助。

參與的缺失可以透過採用三元的決策取向來加以說明，在這個架構中政府與公民社會以及商業團體分享發聲的機會。「所有的行動者必須能夠發聲，擁有適當的機會做出它們期待的貢獻，而且可以獲得這些結果所帶來的良善」(Kaul, Grunberg and Stern 1999: xxxix)。政治、商業與公民社會的重要成員，必須積極地參與和它們有關的公眾議題的設定、政策理念的形成以及對於這些政策的思辯。

最後，誘因的缺失則可以透過創造明確的鼓勵與抑制誘因來克服國際合作的零碎狀況而有所改善，例如建立完整的訊息措施，有效的監督以減少欺詐的問題並且確保決議的執行，平等的分配合作帶來的利益，加強知識社群扮演作為「客觀」的知識與訊息的提供者的角色份量，並且透過鼓勵非政府組織藉由對於效果不彰或是徹底失敗的政策的陳述與批判行動，成為維持權責相符的機制。沒有單一的誘因集合能夠適用於所有的議題領域，但是如果缺少了這樣的機制，全球的政策問題將更難以解決。

全球轉型派

　　我們可以看到在自由國際主義以及制度改革派之間的某些原則與目標其實是極為接近的，而第四個這裡要談到的論點，則將焦點集中在這個部分，而被稱為全球轉型派 (global transformers)。此種論點接受全球化，也就是一連串改變社經關係與處置的空間組織的過程，並非是全新或是與生俱來的不正義與不民主的說法 (請見 Held et al. 1999)。除此之外，這個議題本身所要表達是一個合乎需求的形式與分配結果。這樣的主張意味著沒有任何當前標誌著權力、可能性與生活機會的不對稱全球化形式是不可避免或是穩定不變的。全球化可以帶來更好的結果，而且被公平的統治、管制與形構。因此全球轉型派與其他兩種強調尋求全球化替代品的主張有所差異，也就是保護主義 (protectionism) 與地方主義 (localism)，也與那些僅僅企求更有效地管理全球化的論點不同。就這個角度來說，他們的主張並非簡單地支持或是反對全球化；他們關心的是核心的組織原則與制度。

　　站在全球轉型派立場的人士認為改造全球化的需求應該被認知為「雙面的過程」(double-sided process, Held 1995; Linklater 1998; Archibugi, Held and Kohler 1998)。所謂雙面的過程，或稱之為雙元民主化的過程，意味著不僅只是在國家社群內部深化政治與社會的改革，涉及長期的國家與公民社會的民主化，同時也代表著跨越領土邊界，創建更為透明、權責相符與民主的產物。新千禧年的民主必須允許公民參與那些跨越疆界，同時改變他們的傳統社群界線的社會、經濟與政治過程，同時負起責任。同時，國家中的每位公民將必須學著成為一個「世界公民」(cosmopolitan citizen)；也就是說，一個有能力調和國家傳統與其他替代性的生活方式的個人。他們認為，未來民主政體的公民可能會涉及更為吃重的調和角色：這樣的角色包括與傳統的對話，與那些著眼於擴大屬於本身的意義與偏見架構的規模的人士溝通，以及擴大相互理解的範圍。能夠「從其他人的立場思考」的政治代理人將更能解決，而且是更能公平地解決創造重疊性社區命運的嶄新同時富有挑戰性的跨越疆界的議題。除此之外，全球轉型派宣稱，如果許多當代的權力形式能變的更加權責相符，以及假如更多

影響我們的複雜議題，包括地方性、國家性、區域性與全球性的議題，能透過更爲民主的方式被加以管制，人們將必須參與，以及加入多元的政治社群。

　　這種說法的核心牽涉到在某種程度上重新認知合法的正當行爲，將此從傳統來源於固定的疆界以及劃定界線之內的觀念加以解放，取而代之的是將此視爲那些基本上能夠限制或是應用於多元自治團體的基本民主配置或是基本民主法律的標誌，這些團體包括從城市與次國家區域到民族國家、超國家區域以及更廣泛的全球網絡。他們認爲當政治權威以及合法性的統治形式在民族國家「之內」、「之外」與「週邊」開展時，這樣的解放過程便已經開始。但是這個「世界主義」的政治計畫偏向激進地擴展這樣的過程，同時以影響深遠的民主權利與義務的集合來限制與限定此一過程。他們提出一系列短期與長期的措施，深信透過一個進步的過程能帶來其他的附加價值，地緣政治的力量將能因此而社會化，成爲民主的代理人與實踐者 (Held: part III; 2002)。

　　其中最爲緊急而重要的是聯合國體系的改革。在此脈絡下的改革意味著驅離一九四五年的地緣政治配置，直到今日，這樣的配置仍深深地形塑聯合國的權力與權

威分配。改變安全理事會 (Security Council) 的否決與投票結構對於公正的建立、執行與管理國際制度與管制來說，是極為急迫的議題。若能創造一個不以地緣政治的代表原則為基礎，如同我們在聯合國大會看到的，而是一個遵循利益相關與審慎思辯路線的聯合國第二議會，將更有助於達成這樣的結果。此種型態的第二議會可以成為全球社會的縮影，並且代表主要團體之間的審議。創建全球與區域層級的有效公共議會必須同時伴隨著相仿機構在地方與國家的成立。因此，政府間組織必須能公開到接受公共監督，並且交由關鍵的利益相關者來設定議題。此種組織不只必須把它們的行為公諸於世，例如，達成國際資訊自由的條約，同時它們也應當讓公眾得以接近，並且接受人們對於有關它們事務的一切進行檢查。建立強調全球貧窮、福祉與相關議題的責任的新全球統治結構，對於解除佔據優勢地位的市場取向機構的權力與影響力，像是國際貨幣基金與世界貿易組織 (儘管後者有所改革，但是仍處於相同的脈絡下)，也是至為重要的。

　　除了跨越國際的推動民主與社會正義的新途徑之外，全球轉型派認為還必須建立管理與執行國際協議及

國際法的新模式，包括增強維持和平與締結和平的能
力。理想上，這樣的能力可以藉由創立一個永久性的獨
立軍事力量，直接徵召各國的志願者組成的方式而加以
建立。最後，原則上，所有的一切若缺乏新資源的挹注
這些發展與創立基礎，那麼全球層次的自主與公正的政
治權威也只是空談。無論是來自於托賓稅 (Tobin tax)、
來自於稅收或其他對應機制等形式，新資源的流入是不
可或缺的。假若缺少處理惡化的嚴重問題的承諾，像是
取消貧窮國家的外債、扭轉從南半球到北半球的淨資產
流出、以及建立新的方式來挹助人類自主的基礎建設，
包括醫療、教育與福利等等，那麼提倡新世界主義制度
的呼聲只會淪為南柯一夢。

國家主義者／保護主義者

　　毫無疑問的，這裡所提到的國家主義 (statist) 與保
護主義 (protectionist) 觀點，與前面所提到的幾個論調
有著極大的差異。除此之外，相較於目前討論到的其他
政治論點，國家主義與保護主義更能代表某個範圍的論
點，著重於這些論點重疊的部分。首先，許多強烈主張

國家社群、民族國家與由國家所構成的組織在世界秩序
中的重要性的論點，不見得如保護主義般，對於一個開
放的世界經濟與自由貿易帶有敵意。這些論點通常更關
心必要的手段，換句話說，就是透過強大的國家結構，
確保開放市場與良好統治安排的成功參與，而非從世界
中退縮或切斷與其餘世界的聯繫 (Cattaui 2001)。其
次，這些論點經常與明顯質疑全球化理論的觀點有關
(對於全球化理論的質疑請見本書二到七章)。這樣的質
疑包括當代全球化的程度其實是全然的言過其實 (Hirst
1997; Hirst and Thompson 1999)。除此以外，他們認為
全球化的說法有著嚴重的瑕疵，同時在政治上也是過於
天真，因為全球化低估了國家政府管制跨國經濟行為的
穩定能力。相較於擺脫控制，國際化的力量本身更加依
賴國家政府的管制力量以保證持續的經濟自由化。

此種觀點同樣也強調增強或是強化國家的統治能
力，換句話說，以協助國家組織該國國民的安全、經濟
利益與福祉。最為優先的是建立國家的競爭能力；也就
是說，深化國家在開發世界中既有的位置，而對於貧窮
國家來說，則是養成解決該國最為迫切需要的問題的能
力。缺乏一個暴力手段的獨占者，將無法處理失序的狀

況，而政治社群所擁有的所有福祉也可能因此而受到威脅。但是即便是一個暴力的獨占者，良好的政府也不見得會完成下列的工作：防止貪污、具備政治技巧、保障人權、確保權責相符以及持續投資人類發展的基礎建設，像是衛生、教育與福利。缺少強大的國家能力，就長期來說將無法達成任何作為。就這個層面來說，東亞開發國家的經濟成就正可以作為例子，因為它們的成功是由政府主動提出的政策，而非自由放任的結果(Cattaui 2001: 請見Leftwich 2000)。扶植國內企業、限制外國競爭以及積極性的貿易策略都是新型態的國家主義的徵狀，但是和以往的重商主義仍有部分的共通點。保護主義在策略貿易以及地緣經濟的世界政治詮釋的外衣下，已經在全球權力的關鍵核心中，從華盛頓到北京，恢復其影響力。

　　當國際社群政治對於全球的連結與制度懷有敵意，或是全然排斥時，國家主義與保護主義的論點變得更為接近，特別是當他們意識到全球化是由美國、西方世界或是外國的商業利益所推動之後。後者經常被視為是對地方或是國家認同，或是宗教傳統的直接威脅。而這裡最重要的是對於獨特的文化、傳統、語言或宗教進行保

護，這些事物將人們凝聚起來，並且提供一個有價值的共同性格，以及同舟一命的感覺。如果後者與政治社群產生關聯，保衛與代表某個社群，這樣的共同感將明顯的對於符號與國家有著巨大的重要性。因此我們可以建立一個從傳統的國家主義 (例如強大的國家文化傳統) 到宗教團體的基本教義派 (像是激進的伊斯蘭教) 的政治位置光譜。更重要的是必須強調複雜而多元的政治計畫可以在此光譜上取得定位。儘管某些計畫強化了以國家利益優先的政治，並且導致對於地緣政治與地緣經濟的強調，例如交戰國家與社群無可避免的衝突，其他的則帶來對於所有政治結構的根本挑戰—無論是國家性或全球性—也就是不對任何特定認同表示順服。

然而，即便在厭惡全球化的背後，並非是文化或文明的衝擊，國家主義或保護主義的論點仍舊與對於西方霸權與宰制的極端懷疑與反感有著密不可分的關係。就這個角度來說，他們傾向將全球統治與經濟國際化解釋為西方世界根本性的計畫，主要的目的是維護西方世界在國際事務中的優越地位。如同一位觀察家指出的，「國際秩序以及『國際團結』將永遠是那些自認為有足夠能力向他人施壓的人士的口號」(Carr 1981: 87)。根

據這樣的觀點，只有對於宰制性的地緣政治以及地緣經
濟利益提出根本的挑戰，才能帶來更為多元與合法的世
界秩序，而特定的認同、傳統與世界觀才能在其中充分
地發展而不受霸權力量的限制。因此，這種觀點與接下
來要探討的最後一個論點有著極為共通的部份。

激進主義

　　儘管自由國際主義、制度改革與全球民主轉型的呼
聲強調有必要加強與提升全球統治的配置，激進主義
(radicals)的擁護者卻主張必須以建立以包容與自我統理
的社群為基礎的替代性統治機制 (cf. Burnheim 1985;
Walker 1994; Falk 1995b)。激進主義的工程關乎建立賦
予人們能力來掌控他們的生活，並且根據平等、共善以
及與自然環境和諧共存的理想來創造社群的必要條件。
對於許多秉持此種論點的激進主義者來說，造成改變的
行動者可以從既有的 (批判) 社會運動察覺，像是環
境、女性以及反全球化的運動 (請見第五章)，這些社會
運動挑戰國家與國際機構的權威，以及所謂「政治」的
正統界定。透過抗拒與賦權 (empowerment) 的政治，這

些運動被認爲將在新世界秩序的創造中扮演著關鍵的角色，而與爲了建立國家民主而奮鬥的 (舊式) 社會運動，像是勞工運動，起著相仿的作用。這些新的社會運動企圖動員跨國性的抗拒性社群，團結對抗即將到來的全球生態、經濟與安全的危機。支撐這個計畫的是一項達成社會與經濟平等的附加物，也就是建立自我發展的必要條件，以及創造自我統治的政治結構。鼓勵與發展公民同時從屬於重疊 (地方與全球) 的社群，是新社會運動政治以及尋求符合自我統治原則的新模式與型態的社會、政治與經濟組織的核心。激進主義的模式是「由下到上」文明化世界秩序的觀點 (Klein 2000)。這代表的是一種規範性的「人道統治」理論，建立在既存多樣的社群與社會運動的基礎上，而反對個人主義以及訴諸於自我利益的新自由主義與相關的政治工程。

激進主義的理念不願意爲了建立一個更民主的世界秩序提出實質的根本性或制度性的藍圖，因爲此舉代表著集權、現代與「由上往下」的國家主義的政治生活取向，而這正是激進主義所反對的。因此，重點在於對於規範性原則的界定，在此基礎上，政治或許能被建構成無關其可能採取的制度形式。透過抗拒的方式以及社會

生活的「政治化」，社會運動將能界定「新的進步政治」，而指涉到「新的行動方式、新的理解與存在於世界的方式，以及藉由連帶建立而產生的新合作方式的探索」(Walker 1994: 147-8)。如同華克 (Walker) 所指出的，「我們學到的一課……是人們並不像他們被認為的那般無力。那些看起來是如此遙遠與如此不可動搖的鉅型結構，正以日常生活的基礎而被加以辨識與抗拒。不行動是一種行動。每個人能夠改變習慣與期待，或是拒絕接受由他人後院所造成的問題」(1994: 159-60)。支持這個激進改變模式的基礎是規範性的直接民主以及參與民主理論的附加品。

我們在這裡可以看到對於盧梭 (Rousseau) 的「民主想像」(democratic vision) 以及新左派的社群政治理想與參與式民主的迴響。但是激進主義的模式同樣也引用馬克思主義對於自由民主的批判，明顯地表現在平等、團結、解放以及既有權力關係的轉型等用詞上。達成「真正的民主」被認為是與社會與經濟平等的成就，自我發展的必要條件的建立，以及強大政治社群的創建等密不可分的 (請見Callinicos 2002)。鼓勵與發展公民同時從屬於地區與全球性的社群利益，對於尋找符合自我

統治原則的新社會、政治與經濟組織的模式與型態也是至爲關鍵的。然而，激進論者也承認「自我統治在今日……必須讓政治脫離複雜的設定而自行運作，從鄰里到國家再到世界，而如同一個整體。而這樣的政治要求公民能夠以多重的情境式 (situated) 自我來思考與採取行動」。

　　儘管激進主義的政治是根深柢固的來自從抗議所衍生出的關切，而更常見的是，在單一議題的活動中，我們可以看到當代示威運動的元素已經跨越了這個議題，而發展出與制度改革派以及全球轉型派決然不同的制度改革規劃。舉例來說，最近一次，在二零零二年年初，於榆港 (Porto Alegre) 所舉辦的世界社會論壇中，許多重建全球化的提案被納入議程當中，從改良式的合作統治與限制資本的自由流動，到保障核心的勞動標準與環境保護。這些提案所抨擊的重點在於「無限度的全球化」以及「無限制的統合勢力」，而非全球化本身。著重於聯合國體系的努力與改革也帶來其他豐富的收穫，而與前述某些觀點有著重疊的部分。然而，這樣的部份重疊永遠不可能成爲完全的吻合，因爲部分的激進主義觀點，舉例來說，在一九九九年西雅圖世界貿易組織會議

的各種無秩序團體，以及那些攻擊星巴克 (Starbucks)
的惡名昭彰份子，並不尋求共同的基礎或是新的調和觀
點。在這個層面上，他們與那些強加他們最為信仰的無
管制市場的極端新自由主義者並無二致。

　　不同的規範性全球政治概念以及可能的未來發展軌
道整理在表8.1。這張圖表指出全球化政治論述中的主
要差異，並且界定引導每個位置的道德原則概念、誰來
統理、最為急迫的全球改革、全球化的適當型態以及如
何與採用哪些手段可以達成他們期望的形式。這張圖表
令人感到訝異的部分是第一、五與六欄的顯著差異，以
及論點二、三與四重疊的部分。我們將在下一章回來討
論這些重疊部分的重要性。

表8.1 全球政治的模型：總結與比較

	1 新自由主義	2 自由國際主義	3 制度改革派
引導性的道德原則	個人自由	人權與共享的責任	以透明、諮詢與權責相符原則為基礎的合作性格
誰來統理？	個人，透過市場交換中的與「最小」國家	人民，透過政府、權責相符的國際政權與組織	人民，透過公民社會、有效的國家與國際制度
關鍵的改革	解散科層制的國家組織以及市場的去管制	國際自由貿易與建立透明而公開的國際統理配置	擴大政治參與、三方取向的國家與國際決策、保障全球共善的提供
期望的全球化形式	全球自由市場、法律原則以及阻止每況愈下的「安全網」	透過自由貿易加強互賴，鑲嵌於政府間主義 (intergovernmentalism) 的合作形式	受到管制的全球過程與民主的全球統理
政治轉型的模式	有效的政府領導、極小化官僚的管制以及創造國際自由貿易的模式	強化人權政權、國際管制以及全球統理的改革	加強國家與公民社會的角色，以提升集體行動的規模與從地方到全球層級的統理改革

表8.1 全球政治的模型：總結與比較（續）

	4 全球轉型派	5 國家主義與保護主義	6 激進主義
引導性的道德原則	政治平等、同等自由、社會正義以及共享的責任	國家利益、分享的社會文化認同與共同的政治性格	平等、共善、與自然環境相調和
誰來統理？	人民，透過從地方到全球多層次的統理配置	國家、人民與國家市場	人民，透過自我統理的社群
關鍵的改革	強化重疊的政治社群的多元資格，發展從地方到全球層次的利益相關者與審議平台，加強國際法的角色	加強國家統理的能力，(在必要之處)國際的政治合作	自我管理的企業、工廠與社群，以及民主的統理配置
期望的全球化形式	多層次的民主世界主義政體，管制全球的過程以確保每個成員擁有相同的自主性	強化民族國家的能力，有效的地緣政治	地方化、次國家的區域化、去全球化
政治轉型的模式	透過國家、公民社會與跨國機構的民主化，重建全球統理	國家改革與地緣政治	社會運動、非政府組織、「由下而上」的社會變遷

第九章

重建世界秩序：邁向世界主義的社會民主

　　「偉大的全球化論辯」為今日指出某些極為基本的議題。這些論辯點出關於管理人類事務的組織以及全球社會變遷的軌跡等關鍵問題。同時也提出與政治討論的核心有關的議題，說明社會在進行策略選擇時可能遭遇的困難與限制，並以此推論有效政治行動的可能性。

　　這裡所提到有關全球化的主要論點，是否根本上在各方面都是零散而矛盾，抑或具備有效整合的可能呢？為了說明這個問題，將全球主義者以及懷疑論者之間 (我們在二到七章所談到的)，以及有關全球化政治的重要論點 (我們在第八章說明的) 之間的衝突觀點加以分

離是極爲重要的。因爲在全球主義者與反全球主義者之間的論辯同時包含政治與分析面向。在這本小書中,我們不打算花費大多篇幅來說明,實際上,我們已在其他的著作中完成這項工作 (請見Held et al. 1999; Held and McGrew 2000, 2002)。但是其中有許多論點值得以總結的方式來加以說明,首先以全球主義者與懷疑論者的比較開始。這些論點指出除了目前所討論與爭辯的部分以外,全球化及其限制其實還有更多的問題需要探討。

　　首先,全球主義者與懷疑論者之間的論辯帶出了重要的詮釋問題。這樣的論辯說明了事實不會爲自己說話,而必須依賴複雜的詮釋架構來賦予意義。某些最爲重要的批判證據在概念與詮釋上發生衝突。然而,若我們因此作出經過整理的證據的重要性只是次要的結論,無疑也是大錯特錯的;一般說來,雙方提出的證據類型經常也是大異其趣。舉例來說,懷疑論者的證據集中在生產組織與貿易(強調根植於地緣政治的多國企業,以及貿易的邊際效應變化,例如GDP比率在二十世紀中的改變),而全球論者則傾向著重於過去二十五年來的金融管制以及全球金融市場的爆炸性成長。懷疑論者強調國家利益與國家社群的文化傳統的持續重要,而全球

主義者則著重於跨國政治問題的愈加重要，例如全球污
染、全球暖化與金融危機，這些問題為人類創造越加強
烈的共同感。一個對於這些論辯的理性回應必須在做出
結論之前全盤考量這些問題。

　　其次，這些論辯也展現出雙方都有值得我們學習之
處；單單認為某一方的論點不過只是強詞奪理或只是意
識形態的表現都是不合理的。如果全球主義者想為本身
的立場作出恰當的辯護，那麼懷疑論者所提出富有歷史
深度的證據與需求便應被妥善地加以考量。許多實證性
的主張是來自於懷疑論者的陳述，例如有關當代貿易與
直接資本流動的歷史重要性的論述，便需要進一步的研
究。話雖如此，全球主義者在許多形式的說明中，也確
實地指出權力組織所面對的重大空間轉變，像是溝通情
境的改變、科技變遷的加速與發散、資本主義經濟發展
的擴散與全球統治配置的延伸，雖然全球主義者對於這
些議題的範圍與影響力的理解顯得過於誇大。

　　第三，每個論點都有不同的優點與缺點。當重點放
在經濟 (全球貿易體系的建立、金融市場的整合以及跨
國生產體系的擴散)、政治 (全球政治過程的發展與跨越
邊界的統治層次的鞏固) 與環境 (環境退化的挑戰，特

別是對於全球的公共財與生物多樣性的影響) 領域的制
度與程序改變時，全球主義者的重要主張便顯得極具說
服力。但是在面對民眾運動、他們的忠誠以及他們的文
化與道德認同時，卻顯得極爲脆弱。既有的證據顯示今
日的移民程度只達到十九世紀末的水準(用程度與強度
來測量)；國家(與地方)文化幾乎在所有政治社群的公共
生活中仍舊扮演著核心的角色；自國外進口的產品經常
爲各國民眾閱讀並以全新的方式再詮釋，換句話說，他
們很快成爲這些民眾的一部份 (Millar 1992; Liebes and
Katz 1993; J.B. Thompson 1995)。考量既有文化與民族
歷史的根深蒂固，以及許多更新它們的方式後，得到不
存在任何共通的全球思考方式的結論也就不那麼令人訝
異了 (請見第三章)。儘管全世界的訊息、想像與民眾大
規模的流通，但是最多也不過出現某些世界或全球歷史
正在推展的信號，以及少數國家主義的重要性正在衰退
的徵候。

　　如同全球主義者所指出的，我們可以看到許多的轉
變，包括從政府到全球統治，從現代國家到多層次的權
力與權威體系，以及從相對較爲隔離的國家溝通與經濟
系統，到區域與全球層次更爲複雜而多元的網絡 (請見

第二與第五章；Held et al. 1999: 第二到三章)。另一方面，對於伴隨而來，業已發生的政治認同多元化的開展，卻僅有微少的思考基礎。我們可以在全球秩序的菁英—像是專家與專業人員的網絡、資深的行政人員以及跨國商業人士—以及那些追蹤與抗議他們行動的人士、鬆散的社會運動聯盟、貿易工會的會員以及 (少數的)政治人物與知識份子中，發現到與上述情況例外的情形。然而，即便是對後者而言，各個團體之間仍存在著利益與意圖的明顯差異，在西雅圖、日內瓦或是其他地方「反全球化」示威份子的構成，也明確的表現出成員的多元性與涵蓋的廣大範圍。全球主義者對於政治認同轉換的強調其實是過分誇張。一位評論家指出歐洲聯盟在許多方面可以嘗試向世界其他國家求助：關鍵的矛盾在於雖然統治逐漸成為多層次、複雜的制度化以及空間擴散的行為，但是代表性、忠誠與認同仍舊頑固地根植於傳統的道德、區域與國家性社群當中 (Wallace 1999: 21)。

　　另一個需要加入上述討論的條件是關於世代變化的部份。儘管在某種程度上支持整體世界秩序與全球統治制度的人士構成了一個獨特的少數群體，但是世代之間

的差異是相當明顯的。相較出生於一九三九年之前的世代，那些第二次世界大戰結束之後出生的世代，較傾向將本身是為國際主義者，支持聯合國體系並且贊同移民與貿易的自由運動。檢閱歐盟民調處 (Eurpbaronmeter) 的世界價值普查 (World Values Survey，涵蓋超過七十個國家) 的資料與發現，一位觀察家結論道，「世代分析 (cohort analysis) 指出長期的公共意見是走向更為國際的方向」(Norris 2000：175)。跟著雅虎 (Yahoo)、MTV頻道與美國有線新聞網 (CNN) 長大的世代肯定這樣的潮流，而且更能具備某種程度的全球認同意識，儘管這樣的意識仍舊被質疑這樣的傾向是否已經凝聚為多數的力量，而且是否產生明確的核心政治取向。

第四，雖然全球主義者與懷疑論者之間有著相當明顯的差異，但是我們必須注意到兩者共享著某些基礎。這樣的論辯不僅只是各說各話。實際上，兩方都接受以下的觀點：

1. 自近代以來，區域內部以及區域之間的經濟互賴程度有著明顯的提升，即便伴隨著跨越不同社群的多樣與不平衡的結果。

2. 區域之間與全球 (政治、經濟與文化) 的競爭，
   對於以往的階級結構帶來挑戰，並且造成財富、
   權力、權利與知識的新不平等。

3. 跨國與跨越邊界的問題，例如基因改良食品的擴
   散，越來越明確地導致對於傳統角色、功能與國
   家政府的權責機構的質疑。

4. 區域與全球層次的國際統治的擴張，從歐洲聯盟
   到世界貿易組織，國際統治的擴張帶來重要的規
   範性議題，包括我們要建立何種形式的世界秩序
   以及這樣的世界秩序是爲了誰的利益而服務等問
   題。

5. 這些發展需要針對政治、經濟與文化變遷提出新
   的思考模式。它們同時也要求政治人物與決策
   者，對於未來有效的政治管制與民主的權責區分
   的可能性與形式，提出富有想像力的回應。

　　各方陣營都接受政治社群之間的連結與關係已經有
了明確的轉變。也就是說，國家與區域之間的溝通、經
濟與政治聯繫有著長足的成長；國際與跨越邊界的問題
對於全世界來說也變得急迫；跨政府組織、國際非政府

組織以及區域與全球事務的社會運動所扮演的角色與數量有所擴張；而既有根植於民族國家的全球機制與制度，將不足以處理未來區域與全球問題的所造成的急迫挑戰，例如全球不平等與社會不正義的議題。為了說明這些共通點的重要性，此舉將有助於我們將焦點放在由全球的社會、經濟與政治變遷對於傳統的政治社群概念造成的挑戰。

政治社群的新脈絡

　　政治社群不能再僅僅被視爲 (假如這樣的概念存在著任何的有效性)「分離的世界」或是自我封閉的政治場域；它們鑲嵌於由重疊的力量、關係與網絡所構成的複雜結構當中。顯然的，正如懷疑論者所堅稱，這是一個不平等而且充滿階級差異的結構。然而，即便是其中最具權力的政治社群，包括那些霸權國家，並非全然不受區域與全球化確立的過程與條件變化的影響。只有少數幾個要點可以被用來進一步釐清現代民族國家之間的關係轉變。所有的證據顯示國際與跨國關係的範圍、強度、速率與影響力的增加，同時也指出關於政治社群的

特質演變的重要問題。

　　有效政治權力的所在不再僅限於國家政府，有效的權力為國家、區域與國際層次的多樣力量與行動者所分享，並在其中流動。所有的陣營都會同意這樣的說法。除此之外，對於政治社群與自決共同體的命運的看法，不再全然只是定位在單一民族國家的疆界之內。某些最為基本決定生活機會的情境的力量與過程，從世界貿易的組織到全球暖化，現在已經超越個別民族國家所及的範圍，而無法由它們獨立解決。二十一世紀開端的政治世界標誌著一系列重要與嶄新形式的政治外部性或是「邊界問題」。當然，以往民族國家主要是透過外交管道，當然還包括使用高壓手段，以追求「國家的目標」，進而處理它們在邊界事務上的歧異。但是這樣的權力邏輯全然不適合也無法適當的解決許多複雜的議題，從經濟管制缺乏與環境倒退，這些議題造成，而且通常是以很快的速度造成「國家福祉」的交錯。在一個強權國家不僅考慮本國民眾，同時也考量到他國人民的決策，以及跨國行動者與力量以各種方式跨越國家社群界線的世界中，有關誰應當對誰負起責任，以及根據什麼樣的基礎負起責任，都不是它們本身容易解決的問

題。發展與追求有效的政府與權力劃分的政治空間，不再完全與確切的政治領土相契合。政治組織的形式現在涉及到政治權威高度的去領土化與再領土化 (請見第二章，pp.17-24；Rosenau 1997)。

　　當代的全球變遷伴隨著國家權力的轉型，而國家的角色與功能在區域化與全球化的網絡與體系也遭遇再解讀、再形構與再鑲嵌的過程。光是國家權力的喪失、衰退與瓦解的簡單模式，並不能代表這樣的變遷。實際上，這樣的論述無法適當的概念化權力情境以及其複雜現象，因為它代表的是全然零和的權力觀點。後者的概念特別無益於在當代的情況下，理解國家的明顯矛盾地位的嘗試。舉例來說，儘管全球經濟的變遷造成國家市場關係的重構，國家與國際公共權威仍深深的涉入這個重要的過程 (例如，透過消弱或移除國家對於資本的控制)。全球經濟的變遷並非必定導致國家權力的衰退；相對的，這樣的變遷是改變了國家權力運作的條件基礎。在其他領域中，例如軍事，國家採取更為主動的姿態，建立聯盟與同盟，而在政治領域中，它們則是區域與全球統治的爆炸性成長與制度化的核心。這些發展並非用國家力量的降低、消滅與衰退等言詞就足以妥善解

釋。除此之外，這樣的說明公式錯誤地假設國家權力在過去是如此的巨大；而目前的國家，特別是已開發世界的國家，經過多方的估量，擁有前無古人的強大權力（Mann 1997）。國家權力在同一時刻明顯的削弱與擴張，正是基礎結構轉型的徵候，也就是權威與權力組織的全球性變遷。這樣的情況在國家主權與自主性的面向最爲明確，對於現代國家奠定了極爲不同的基礎。

　　有許多合適的理由可以在理論上與實證面上，質疑國家因爲當代全球化的過程而土崩瓦解的論點。我們希望發展的觀點是能對於全球主義者與懷疑論者的許多言論進行批判。儘管區域與全球的互動網絡正在發展與茁壯，但是這些網絡對於不同國家卻有各異與多重的影響。除此之外，今日的國家主權，即便是在大幅重疊與分割權威結構的區域，也並未被完全的推翻。更有甚者，這樣的地區和區域，正是主權已經有所轉變的例子。之前的主權形式，被沒有邊際、無法分割與極爲廣泛的公共權力形式所取代，形成於個別的國家，也鑲嵌在一個具備多重─通常是聯合─的權力核心與重疊的權威領域的體系之中（請見Held 2002）。換句話說，政治權力已被重新構造。

我們不認為這種對於權力關係轉變的解釋可以歸屬於全球主義或是懷疑論，而應以轉型主義 (transform-ationalist) 稱之。此種論點同意全球化主張的修正觀點，強調儘管當代的全球政治、經濟與溝通的模式是歷史上前所未見，但是演變方向仍是不確定的，因為全球化是偶合的歷史過程，充滿衝突與緊張。這裡要指出的是全球化會將我們帶領到哪裡，以及全球化將帶來什麼樣的世界秩序，都是一個動態與開放結局的概念。比較懷疑論與全球主義的論點，轉型主義的觀點並不對於未來全球化的發展路徑多加著墨；也不對於目前某些單一而固定的「全球化世界」的理念型進行評判，無論是所謂的全球市場或是全球文明化。除此以外，轉型主義的論點也強調全球化是一個長期的歷史過程，其中面臨到許多挑戰，也經常受到偶合 (conjunctural) 因素的明顯影響。

轉型主義的核心論點，簡單說來，就是當代的全球化正在重構或是「重新建造」國家政府的權力、功能與權威。儘管許多國家仍然保有基本的法律權利，對於發生於其領土內部的事件具備有效而至高無上的權力，全球主義者認為這樣的情況應當與國際統治制度的司法

權，以及國際法的限制與衍生義務的擴張，連結在一起
看待，並且加以理解。特別明顯的例子是歐洲聯盟，歐
洲聯盟的主權被切割為國際、國家與地方的權威，但是
在政府間組織如世貿組織的運作上也是如此 (Goodman
1997)。然而，即便是主權並未受到損傷，國家也不再
—如果它們曾經具備的話—保有它們對於本身領土疆界
內部所發生的事件的單一控制權。複雜的全球體系，從
金融到生態，將一地社群的命運與位於世界上遙遠區域
的社群命運連結起來。除此之外，全球的通訊與交通的
基礎建設支持了新型態，跨越國家邊界的經濟與社會組
織。在文字上或是假設上，或許可以想像權力的所在以
及權力的主體可以像海洋一般被分開。在這些情況下，
民族國家作為自治與自主單位的概念看來似乎屬於規範
性的主張，而非描述性的陳述。現代服膺領土界線主權
原則的制度，在某種程度上無法協調的與影響當代經濟
與政治生活許多面向的跨國組織並置 (Sandel 1996)。就
這個觀點來說，全球化與主權、領土與政治權力之間的
關係的轉型與「去束縛」有關 (Ruggie 1993a；Sassen
1996)。

　　儘管對於許多人們來說，像是政治人物、政治活躍

者與學術人士，當代的全球化與新的政治界線以及國家
權力的削弱有關，而這裡要談到的觀點就是對於這種政
治宿命論的批判。當代的全球化並不僅是在數量增加的
議題領域中，發動或是增強重要的政治化過程，同時也
伴隨著超越國家政治管轄的制度化場域以及政治動員、
監督、決策與管制行為的網絡的大量成長。這樣的結果
大幅地擴張政治行為與政治權威運作的能力與範圍。因
此，全球化並未排除管制或控制。全球化並未預設「政
治的終點」，因為全球化的持續是透過許多新手段。然
而，我們也不能忽略對於既有政治社群組織的智識性、
制度性與規範性的重要挑戰，這些部份我們在前面的章
節已有所處理。

這些挑戰的核心在於跨越疆界的政治議題的擴張，
降低國內與國外事務的明顯區分。幾乎在所有主要的政
府政策領域，陷入區域與全球過程的國家政治社群，納
入跨越疆界的合作與控制的密集議題。除此之外，廣泛
範圍的過程與議題 (經濟、政治與環保) 的擴張、激化
與影響，引發了這些議題應當在何處才能得到最為適當
的說明。如果最具權力的地緣政治力量無法僅僅透過它
們的意圖與它們的權力，來處理許多緊迫的問題，那麼

既存的權責劃分結構與機制便有必要重新考量。環境的議題便是一個例子。

　　直到二十世紀初期與中葉之前，絕大多數的環境污染類型，至少是那些偵測得到的部份，都是集中於特定的地區與區域。自此之後，由於許多重要的因素，造成環境倒退的加速全球化：五十年以來OECD國家耗費密集資源與高污染的成長；俄羅斯、東歐與前蘇聯國家的工業化；南半球許多區域的快速工業化；以及全球人口的巨幅提升。此外，我們現在有可能更深入與正確地理解風險與環境變遷；舉例來說，長期排放的有害氣體對於地球大氣層造成的結果 (二氧化碳、甲烷、氮氣以及二氧化硫、氟氯碳化物)。

　　為了處理這些嚴重以及為民眾所知曉的環境議題，文化與政治全球化的連結過程便應運而生。科學與知識的新網絡的誕生、因為跨國的擔憂而形成的跨國環境運動、以及新的國際制度、政權與協約，像是在一九九二年於巴西所召開的地球高峰會 (Earth Summit)，與其後隨之召開的會議，都正是相關的例子。不幸的是，後者尚未具備充分的政治權力、國內的支持或是國際的權威，而僅能達成限制使用某些對於全球環境最惡劣的威

脅的成果。

　　當然，並非所有的問題都是全球性的；這樣的觀點並不正確。然而，普遍影響人類事務的物理與環境條件—也就是環境問題的程度、惡化與快速蔓延—卻有著大幅的改變。這些過程，大規模的將政治從集中於將國家與國際關切視為最主要與最優先的行為分離。我們越加明白政治社群與民眾的福祉不再能全然以國家或是領土的用語來加以理解。在一個由於全球暖化讓許多太平洋島嶼的長期命運與全球數以百萬計的汽車駕駛產生關聯的世界中，傳統領土性的政治社群概念便顯得極為不恰當。全球化將分佈於全球遙遠區域的家戶、社群與民眾的命運，編織在一個高度複雜而抽象的體系中 (McGrew 1997: 237)。雖然作出政治社群對於它們的疆界不存在任何明顯的區分與分隔的結論是不正確的，它們卻也清楚的受到多重跨越邊界的互動網絡與權力體系的形塑。因此，問題在於政治社群對於命運的理念，以及有效的統治人類事務的適當層次：國家、區域與全球。恰當的政治位置以及對於公共利益的清楚說明就是我們要解答的謎題。

邁向一個新的全球化政治

　　當代所處的全球變遷正透過重構傳統形式的國家主
權、政治社群以及國家政府，轉變世界秩序的重要基
礎。然而，這些過程並非必然發生，也非全然安全無
虞。全球化涉及從純粹的國家中心政治，到嶄新而更為
複雜的多層次全球政治的形式的轉變。這樣的過程立基
並且經歷對於政治權威以及管制機制的論述與再論述。
因此，當代的世界秩序恰好被理解為一個高度複雜、互
相連結以及競爭的秩序，其中國家間體系逐漸鑲嵌於逐
步形成的多層次區域與全球統治體系中。在目前的歷史
時點中，多層次而相互重疊的政治過程正在運行。

　　在二十一世紀之初，我們有充分的理由相信，用卡
爾 (E. H. Carr) 的話來說，國家為主的傳統國際秩序，
「無法加以維持，而未來的劇烈改變是無可避免的」
(1981: 237)。這樣的前景改變在第八章被加以提及，在
有關全球化政治的主要歧異與區分中被明白地說明。政
治光譜上最極端的兩端都帶有嚴重的缺陷。新自由主義
不過是要求既有經濟與政治體系的永續，但是對於市場

失敗所帶來的問題卻提不出任何可資實行的對策，而激進主義的觀點，則對於地方主義的處理或是解決由全球化力量所產生的統治議題的能力，顯得過分樂觀。這樣的政治如何能應付由相互重疊的社群命運所帶來的挑戰呢？但是我們在第八章關照的不只是這兩種觀點；我們在第八章指出自由國際主義、制度改革派以及全球轉型派等論點之間具有重疊之處的關鍵點。

我們希望能在世界主義社會民主的面向上，指出這樣的共同基礎 (請見表8.1)。因為此種觀點企圖培養某些更為重要的社會民主價值，包括法律原則、政治平等、社會正義、社會團結以及經濟的有效性，同時將這些價值應用於新經濟與政治的全球實體。因此，世界主義全球民主的計畫可以被設想為在國際層次上，促進完整行政機關的聯合基礎；更為透明、權責相符與民主的全球統治；透過追求世界資源與人類安全更為平等的分配，達成更高程度的社會正義；在更多樣的層次上 (從地方到全球) 保護與創造社群；並且藉由全球金融與貿易流動的公共管理、全球公共良善的提供，以及促進重要的利益相關者共同參與統治，來管制全球經濟。這個全球政治的共同基礎納入介於「全球化/反全球化」政

治光譜之間的各種觀點，以及清楚的對話與調和的可能性，儘管其中清楚的存在各種意見或是光譜兩端的爭論。除此之外，國家主義與保護主義所代表的某些觀點(請見表8.1第五欄) 也可以成為對話的一部份；明確的「世界主義社會民主」要求各個層次具備強大的統治能力，包括地方、國家、區域與全球。表9.1總結了世界主義社會民主的規劃。世界主義社會民主並不意味著全有或全無的選擇，而是以明確的定位點指出短期與長期的改變方向。

　　由世界主義社會民主所代表的共同基礎，可以為全球社會正義不只是個烏托邦式的終點帶來些許樂觀的依據。除此之外，我們也可以將世界主義社會民主，設想為建立向更為四海一家的世界秩序邁進的必要道德與制度基礎。在一個相互重疊的社群與權力體系所構成的世界中，全球化的議題是所有政體的討論議程所不可避免的元素。我們所處的這個時代的重要政治問題，是這些問題該如何才能得到最佳的理解與統治，以及如何才能提供最完整的全球公共良善。世界主義的社會民主提供了一個針對這些問題，進一步思考與採取政治行動的架構，而這樣的架構是來自於綜合廣泛的發展意見而相互

表9.1　邁向世界主義的社會民主

指引的道德原則與核心價值	全球社會正義、民主、普世人類價值、人類安全、法律原則、跨國連帶
短期的措施	**統理** ■ 全球統理的改革：具代表性的安全理事會；建立人類安全理事會 (Human Security Council 以統整全球的發展政策)；全球公民社會論壇 (Global Civil Society Forum)、增強全球權責相符的體系；強化國家與區域統理的基礎建設與能力；加強議會的監督 **經濟** ■ 全球市場的管制：選擇性的資本控制；海外金融中心的管制；多國企業自願性法令的管理 ■ 促進發展：廢止高度負債國家 (HIPCs) 的債務；達成聯合國0.7% GNP的補助目標；公平的貿易原則；停止歐盟與美國對於農業與紡織業的補助 **安全** ■ 加強全球人道保障的能力；落實既有的全球降低貧窮與人類發展的協議與政策；加強武器控制以及武器交易的管制

表9.1　邁向世界主義的社會民主（續）

長期的轉型	統理 ■ 雙重民主化(從國家到超國家)；增強全球公共良善的準備；全球公民權 經濟 ■ 駕馭全球市場：世界金融管理機構；多國企業強制性法令的執行；全球稅賦機制；全球競爭管理機構 ■ 市場矯正：全球勞動與環境的強制性標準；外國投資的法規與標準；重分配與補償性的措施；日常用品的價格與提供的協議 ■ 促進市場：開發中國家可以進入的特許市場；全球勞動力流動協議 安全 ■ 全球社會憲章：永久性的維和與人道主義的緊急武力；所有全球發展措施在社會隔離與平等的檢討
制度與政治的條件	積極的國家，全球發展聯盟(包括關鍵的西方世界與發展中國家以及公民社會)、強大的多邊組織、開放的區域主義、全球公民社會、重分配的政權、全球市場的管制、跨國的公共場域

重疊的理念領域。

　　用來發展這些理念的政治空間，經由各種力量的運作已然建立，而且仍然處於建立的過程當中：包括致力於追求各個層級的統治法律原則、全球化重要力量的高度合作與全球劃分、政府間組織對利益相關人與參與者大開其門、世界資源分配的更加平等、人類權利與基本自由的保障、跨越不同世代的永續發展，以及主要的地緣政治爭議的和平解決。這並不是一個不切實際的政治工程。事實上，這樣的觀點根植於猶太人大屠殺與第二次世界大戰之後所形塑與組成的世界。除此之外，此一論點可以在許多多邊主義 (從聯合國體系的奠定到歐洲聯盟的發展)、國際法 (從人權政權到國際犯罪法庭的建立) 以及多層次統治 (從以城市與次國家區域所發展的地方政府到綿密的國際決策論壇網絡) 的成果上加以開展。

　　我們所訴說的全球秩序故事並非唯一。全球化並非，也從來不是一個單一面向的現象。儘管全球市場的大幅擴張已經取代了政治場域，爲各種資本增加流動的選擇，並且提升共同利益的相對力量 (請見Held et al, 1999; 第三到五章；Held and McGrew 2000：第二十五

章)，但是對於全球化的闡述仍不僅僅只是集中於經濟。自一九四五年以來，關於人類全體的平等尊嚴與信念的四海一家價值，已在國際規範與管制中獲得明白的確立；國際法與道德的重新接軌，使得主權不再只是有效的力量，同時也因為維繫人類權利與民主價值而成為更具合法性的權威；複雜統治體系的建立，包括區域與全球層次；並且逐漸重新認識到如果我們希望能在長期建立公共良善，無論是被界定為金融穩定、環境保護或是全球利他主義，多邊的合作行動是不可或缺的 (請見 Held 2002)。這些發展必須建立於多邊的合作行動之上。

　　政治集團的聯盟可以進一步推動這些成果，其中包括具有強烈自由與社會民主傳統的歐洲國家；美國內部支持多邊主義與國際事務的法律原則的自由派團體；在世界經濟秩序中，致力追求更自由與更公平貿易原則的開發中國家；非政府組織，從國際特赦組織 (Amnesty International) 到牛津饑荒救援委員會 (Oxfam)，爭取更為正義、民主與平等的世界秩序；抗拒當代全球化的情境與形式的社會運動；以及那些要求更為穩定與受到管理的全球經濟秩序的經濟力量。

　　歐洲可以在邁向世界主義社會民主的目標上扮演一個特別的角色 (McGrew 2001, 2002)。做為社會民主的發源地以及超越國家形式的統治的歷史實驗室，歐洲在適當地規劃一個更為有效與權責相符的超國家統治上，具有更直接的經驗。這些經驗提供了對於超越國家的統治的新穎思考方式，而 (相對地) 鼓勵更為民主—相對於更為新自由—的全球統治觀。除此之外，歐洲正處於為改革全球統治的結構與功能，而建立全球選區 (global constituencies) 的戰略位置 (與東半球、南半球與北半球有著強力的聯繫)。透過區域間的對話，歐洲可以動員新的區域聯盟，對於那些拒絕改革的陣營施加對等的影響力，像是美國的單邊主義論者。

　　當然，這並不意味著應當遊說跨國與國際力量成立明確以美國為敵的反美聯盟。相反的，我們必須認知到美國國內政治的複雜性，以及既存的進步社會、政治與經濟力量企圖透過政治光譜上共和政體權利的獲勝，來推展不同形式的世界秩序 (Nye 2002)。儘管美國具有單邊主義的傾向，我們也應當想起美國境內的輿論 (特別是年輕的世代) 一直都是支持聯合國與多邊主義，甚至比歐洲民眾來得更為認同 (Norris 2000)。任何歐洲為了

建立新的全球公約，而推動具備廣泛基礎的聯盟所採取的政治策略，必須獲得美國政體內部的進步力量的支持，但是歐洲必須抗拒美國內部，發出迷人言論，企圖尋找重建排外的國家認同、種族純淨與保護主義的能量的陣營。

　　儘管這些團體的部份利益或許可以與世界主義社會民主的運動相結合，但是無可避免的將分散於廣泛的議題領域，但是有可能存在一個他們共同關切的重要重疊領域，可以強化多邊主義、為全球公共良善的供給建立新的制度、管制全球市場、深化權責相符、保護環境以及緩和每日屠殺數以千計的男性、女性與兒童的急迫社會不正義。當然，在這些領域上它們能結合到什麼地步，以及能夠克服來自地緣政治與地緣經濟利益的狂熱反對到什麼程度，仍舊有待觀察。如果建立全球民主與社會正義的抱負可以被理解，我們便應當了解到，雖然下的賭注很大，但是我們卻可能因此在人類安全與發展方面獲得更多的回報。

參考書目

Albrow, M. (1996) *The Global Age*. Cambridge: Polity.

Altvater, E. and Mahnkopf, B. (1997) The world market unbound. *Review of International Political Economy* 4(3).

Amin, S. (1996) The challenge of globalization. *Review of International Political Economy* 3(2).

Amin, S. (1997) *Capitalism in the Age of Globalization*. London: Zed Press.

Anderson, B. (1983) *Imagined Communities: Reflections on the Origins and Spread of Nationalism*. London: Verso.

Anderson, K. and Blackhurst, R. (eds) (1993) *Regional Integration and the Global Trading System*. Brighton: Harvester.

Anderson, K. and Norheim, H. (1993) Is world trade becoming more regionalized? *Review of International Economics* 1(2).

Anderson, P. (1974) *Lineages of the Absolutist State*. London: New Left Books.

Appadurai, A. (1990) Disjuncture and difference in the global cultural economy. *Theory, Culture and Economy* 7: 295–300.

Archibugi, D., Held, D. and Köhler, M. (eds) (1998) *Re-imagining Political Community: Studies in Cosmopolitan Democracy*. Cambridge: Polity.

Ashford, D. (1986) *The Emergence of the Welfare State*. Oxford: Blackwell.

Axford, B. (1995) *The Global System*. Cambridge: Polity.

Bank for International Settlements (2001) *BIS Quarterly Review* (Geneva) (Dec.).

Barry, B. (1998) The limits of cultural politics. *Review of International Studies* 24(3).

Beck, U. (1992) *Risk Society: Towards a New Modernity*. London: Sage.

Beck, U. (1997) *The Reinvention of Politics*. Cambridge: Polity.

Beck, U. (1999) *What is Globalization?* Cambridge: Polity.

Beck, U. (2001) Power in the global economy. Lecture delivered at the London School of Economics and Political Science, 22 Feb.

Beetham, D. (1995) What future for economic and social rights? *Political Studies* 48 (special issue).

Beetham, D. (1998) Human rights as a model for cosmopolitan democracy. In Archibugi, Held and Köhler 1998.

Bentley, J. H. (1996) Cross-cultural interaction and periodization in world history. *American Historical Review* 101(3).

Birdsall, N. (1998) Life is unfair: inequality in the world. *Foreign Policy* 111 (Summer).

Bobbio, N. (1989) *Democracy and Dictatorship*. Cambridge: Polity.

Boyer, R. and Drache, D. (eds) (1996) *States against Markets*. London: Routledge.

Bozeman, A. B. (1984) The international order in a multicultural world. In H. Bull and A. Watson (eds), *The Expansion of International Society*, Oxford: Oxford University Press.

Bradshaw, Y. W. and Wallace, M. (1996) *Global Inequalities*. London: Pine Forge Press/Sage.

Braithwaite, J. and Drahos, P. (1999) *Global Business Regulation*. Cambridge: Cambridge University Press.

Braudel, F. (1984) *The Perspective of the World*. New York: Harper and Row.

Breuilly, J. (1992) *Nationalism and the State*. Manchester: Manchester University Press.

Brown, C. (1995) International political theory and the idea of world community. In K. Booth and S. Smith (eds), *International Relations Theory Today*. Cambridge: Polity.

Bull, H. (1977) *The Anarchical Society*. London: Macmillan.

Burbach, R., Nunez, O. and Kagarlitsky, B. (1997) *Globalization and its Discontents*. London: Pluto Press.

Burnheim, J. (1985) *Is Democracy Possible?* Cambridge: Polity.

Buzan, B. (1991) *People, States and Fear*. Brighton: Harvester.

Buzan, B., Little, R. and Jones, C. (1993) *The Logic of Anarchy*. New York: Columbia University Press.

Cable, V. (1996) Globalization: can the state strike back? *The World Today* (May).

Callinicos, A. (2002) Marxism and global governance. In Held and McGrew 2002.

Callinicos, A., Rees, J., Harman, C. and Haynes, M. (1994) *Marxism and the New Imperialism*. London: Bookmarks.

Cammack, P. (2002) Attacking the global poor. *New Left Review*, series II, no. 13.

Cammilleri, J. F. and Falk, J. (1992) *The End of Sovereignty*, Brighton: Edward Elgar.

Carr, E. H. (1981) *The Twenty Years' Crisis 1919–1939*, London: Papermac.

Castells, M. (1996) *The Rise of the Network Society*, Oxford: Blackwell.

Castells, M. (1997) *The Power of Identity*, Oxford: Blackwell.

Castells, M. (1998) *End of Millennium*, Oxford: Blackwell.

Cattaui, M. L. (2001) Making, and respecting, the rules. 25 Oct. At www.openDemocracy.net

Clark, I. (1989) *The Hierarchy of States: Reform and Resistance in the International Order*, Cambridge: Cambridge University Press.

Clark, I. (2001) *The Post Cold War Order*, Oxford: Oxford University Press.

Clark, R. P. (1997) *The Global Imperative*, Boulder: Westview Press.

Commission on Global Governance (1995) *Our Global Neighbourhood*, Oxford: Oxford University Press.

Cooper, R. N. (1986) *Economic Policy in an Interdependent World*, Cambridge, Mass.: MIT Press.

Cortell, A. P. and Davies, J. W. (1996) How do international institutions matter? The domestic impact of international rules and norms. *International Studies Quarterly* 40.

Cox, R. (1996) Globalization, multilateralism and democracy. In R. Cox (ed.), *Approaches to World Order*, Cambridge: Cambridge University Press.

Cox, R. (1997) Economic globalization and the limits to liberal democracy. In McGrew 1997.

Crawford, J. and Marks, S. (1998) The global democracy deficit: an essay on international law and its limits. In Archibugi, Held and Köhler 1998.

Creveld, M. V. (1989) *Technology and War: From 2000 BC to the Present*, New York: Free Press.

Dahl, R. A. (1989) *Democracy and its Critics*, New Haven: Yale University Press.

Deibert, R. (1997) *Parchment, Printing and the Hypermedia*, New York: Cornell University Press.

Desai, M. and Said, Y. (2001) The anti-capitalist movement. In H. Anheier, M. Glasius and M. Kaldor (eds), *Global Civil Society 2001*, Oxford: Oxford University Press.

Dicken, P. (1998) *Global Shift*, London: Paul Chapman.

Dickson, A. (1997) *Development and International Relations*, Cambridge: Polity.

Dore, R. (ed.) (1995) *Convergence or Diversity? National Models of Production in a Global Economy*, New York: Cornell University Press.

Duffield, M. (2001) *Global Governance and the New Wars*, London: Zed Press.

Dunn, J. (1990) *Interpreting Political Responsibility*, Cambridge: Polity.

Dunning, J. (1993) *Multinational Enterprises and the Global Economy*, Wokingham: Addison-Wesley.

Ekins, P. (1992) *A New World Order: Grassroots Movements for Global Change*, London: Routledge.

Elkins, D. J. (1995) *Beyond Sovereignty: Territory and Political Economy in the Twenty First Century*, Toronto: University of Toronto Press.

Falk, R. (1969) The interplay of Westphalian and Charter conceptions of the international legal order. In R. Falk and C. Black (eds), *The Future of the International Legal Order*, vol. 1, Princeton: Princeton University Press.

Falk, R. (1987) The global promise of social movements: explorations at the edge of time. *Alternatives* 12.

Falk, R. (1995a) Liberalism at the global level: the last of the independent commissions? *Millennium* 24(3).

Falk, R. (1995b) *On Humane Governance: Toward a New Global Politics*, Cambridge: Polity.

Feldstein, M. and Horioka, C. (1980) Domestic savings and international capital flows. *Economic Journal* 90(358).

Fernández-Armesto, F. (1995) *Millennium*, London: Bantam.

Ferro, M. (1997) *Colonization: A Global History*, London: Routledge.

Fieldhouse, D. K. (1999) *The West and the Third World*, Oxford: Blackwell.

Frank, A. G. (1998) *Re-Orient: Global Economy in the Asian Age*, New York: University of California Press.

Frank, A. G. and Gills, B. K. (eds) (1996) *The World System*, London: Routledge.

Frieden, J. (1991) Invested interests: the politics of national economic policies in a world of global finance. *International Organization* 45(4).

Frost, M. (1986) *Towards a Normative Theory of International Relations*, Cambridge: Cambridge University Press.

Fukao, M. (1993) International integration of financial markets and the costs of capital. *Journal of International Securities Markets* 7.

Gagnon, J. and Unferth, M. (1995) Is there a world real interest rate? *Journal of International Money and Finance* 14(6).

Gamble, A. and Payne, A. (1991) Conclusion: the new regionalism. In A. Gamble and A. Payne (eds), *Regionalism and World Order*, London: Macmillan.

Ganghof, S. (2000) Adjusting national tax policy to economic internationalization. In F. Scharpf and V. Schmidt (eds), *Welfare and Work in the Open Economy*, Oxford: Oxford University Press.

Garrett, G. (1996) Capital mobility, trade and the domestic politics of economic policy. In Keohane and Milner 1996.

Garrett, G. (1998) Global markets and national politics. *International Organization* 52(4).

Garrett, G. and Lange, P. (1991) Political responses to interdependence: what's 'left' for the left? *International Organization* 45(4).

Garrett, G. and Lange, P. (1996) Internationalization, institutions and political change. In Keohane and Milner 1996.

Gellner, E. (1983) *Nations and Nationalism.* Oxford: Blackwell.

Gereffi, G. and Korzeniewicz, M. (eds) (1994) *Commodity Chains and Global Capitalism.* Westport: Praeger.

Germain, R. (1997) *The International Organization of Credit.* Cambridge: Cambridge University Press.

Geyer, M. and Bright, C. (1995) World history in a global age. *American Historical Review* 100(4).

Giddens, A. (1985) *The Nation-State and Violence,* vol. 2 of *A Contemporary Critique of Historical Materialism.* Cambridge: Polity.

Giddens, A. (1990) *The Consequences of Modernity.* Cambridge: Polity.

Giddens, A. (1991) *Modernity and Self-Identity.* Cambridge: Polity.

Giddens, A. (1999) *The Third Way.* Cambridge: Polity.

Gill, S. (1992) Economic globalization and the internationalization of authority: limits and contradictions. *GeoForum* 23(3).

Gill, S. (1995) Globalization, market civilization and disciplinary neoliberalism. *Millennium* 24(3).

Gilpin, R. (1981) *War and Change in World Politics.* Cambridge: Cambridge University Press.

Gilpin, R. (1987) *The Political Economy of International Relations.* Princeton: Princeton University Press.

Gilpin, R. (2001) *Global Political Economy.* Princeton: Princeton University Press.

Gilroy, P. (1987) *There Ain't No Black in the Union Jack.* London: Hutchinson.

Godement, F. (1999) *The Downsizing of Asia.* London: Routledge.

Goldblatt, D., Held, D., McGrew, A. and Perraton, J. (1997) Economic globalization and the nation-state: shifting balances of power. *Alternatives* 22(3).

Goodman, J. (1997) The European Union: reconstituting democracy beyond the nation-state. In McGrew 1997.

Gordon, D. (1988) The global economy: new edifice or crumbling foundations? *New Left Review* 168.

Gourevitch, P. (1986) *Politics in Hard Times.* New York: Cornell University Press.

Gowan, P. (2001) Neoliberal cosmopolitanism. *New Left Review,* series II, no. 11.

Graham, G. (1997) *Ethics and International Relations.* Oxford: Blackwell.

Gray, J. (1998) *False Dawn.* London: Granta.

Greider, W. (1997) *One World, Ready or Not: The Manic Logic of Global Capitalism.* New York: Simon and Schuster.

Guehenno, J. M. (1995) *The End of the Nation-State.* Minneapolis: Minnesota University Press.

Haass, R. N. and Liton, R. E. (1998) Globalization and its discontents. *Foreign Affairs* (May–June).

Hall, S. (1992) The question of cultural identity. In S. Hall, D. Held and A. McGrew (eds), *Modernity and its Futures*, Cambridge: Polity.

Hanson, B. T. (1998) What happened to Fortress Europe? External trade policy liberalization in the European Union. *International Organization* 52(1) (Winter).

Hart, J. (1992) *Rival Capitalists: International Competitiveness in the USA, Japan and Western Europe.* Princeton: Princeton University Press.

Harvey, D. (1989) *The Condition of Postmodernity.* Oxford: Blackwell.

Hasenclever, A., Mayer, P. and Rittberger, V. (1997) *Theories of International Regimes.* Cambridge: Cambridge University Press.

Hayek, F. (1960) *The Constitution of Liberty.* London: Routledge and Kegan Paul.

Hayek, F. (1976) *The Road to Serfdom.* London: Routledge and Kegan Paul.

Held, D. (ed.) (1991) *Political Theory Today.* Cambridge: Polity.

Held, D. (1995) *Democracy and the Global Order: From the Modern State to Cosmopolitan Governance.* Cambridge: Polity.

Held, D. (1996) *Models of Democracy*, 2nd edn. Cambridge: Polity.

Held, D. (2002) Law of states, law of peoples: three models of sovereignty. *Legal Theory* 8(1).

Held, D. and McGrew, A. G. (eds) (2000) *The Global Transformations Reader.* Cambridge: Polity.

Held, D. and McGrew, A. G. (eds) (2002) *Governing Globalization: Power, Authority and Global Governance.* Cambridge: Polity.

Held, D., McGrew, A. G., Goldblatt, D. and Perraton, J. (1999) *Global Transformations: Politics, Economics and Culture.* Cambridge: Polity.

Helleiner, E. (1997) Braudelian reflections on economic globalization: the historian as pioneer. In S. Gill and J. Mittleman (eds), *Innovation and Transformation in International Studies*, Cambridge: Cambridge University Press.

Herod, A., Tuathail, G. O. and Roberts, S. M. (eds) (1998) *Unruly World? Globalization, Governance and Geography.* London: Routledge.

Hertz, N. (2001) Decrying Wolf. *Prospect* (Aug–Sept.): 12–13.

Hettne, B. (1998) The double movement: global market versus regionalism. In R. W. Cox (ed.), *The New Realism: Perspectives on Multilateralism and World Order*, Tokyo: United Nations University Press.

Hinsley, F. H. (1986) *Sovereignty*, 2nd edn. Cambridge: Cambridge University Press.

Hirst, P. (1997) The global economy: myths and realities. *International Affairs* 73(3) (July).

Hirst, P. and Thompson, G. (1996) *Globalization in Question*. Cambridge: Polity.

Hirst, P. and Thompson, G. (1999) *Globalization in Question*, 2nd edn. Cambridge: Polity.

Hobbes, T. (1968) *Leviathan* (1691). Harmondsworth: Penguin.

Hodgson, M. G. S. (1993) The interrelations of societies in history. In E. Burke (ed.), *Rethinking World History: Essays on Europe, Islam and World History*, Cambridge: Cambridge University Press.

Holmes, S. (1988) Precommitment and the paradox of democracy. In J. Elster and R. Stagstad (eds), *Constitutionalism and Democracy*, Cambridge: Cambridge University Press.

Hoogvelt, A. (1997) *Globalization and the Postcolonial World: The New Political Economy of Development*. London: Macmillan.

Hoogvelt, A. (2001) *Globalization and the Postcolonial World*, 2nd edn. Basingstoke: Palgrave.

Howard, M. (1981) *War and the Liberal Conscience*. Oxford: Oxford University Press.

Hu, W. (1992) Global corporations are national firms with international operations. *California Management Review* 34(2).

Huntington, S. P. (1996) *The Clash of Civilizations and the Remaking of World Order*. New York: Simon and Schuster.

Hurrell, A. (1999) Security and inequality. In A. Hurrell and N. Woods, *Inequality, Globalization and World Politics*, Oxford: Oxford University Press.

Hurrell, A. and Woods, N. (1995) Globalization and inequality. *Millennium* 24(3).

Jameson, F. (1991) *Postmodernism: The Cultural Logic of Late Capitalism*. London: Verso.

Jayasuriya, K. (1999) Globalization, law and the transformation of sovereignty: the emergence of global regulatory governance. *Indiana Journal of Global Legal Studies* 6(2).

Jessop, B. (1997) Capitalism and its future: remarks on regulation, government and governance. *Review of International Political Economy* 4(3).

Johnston, R. J., Taylor, P. J. and Watts, M. J. (eds) (1995) *Geographies of Global Change*. Oxford: Blackwell.

Jones, R. J. B. (1995) *Globalization and Interdependence in the International Political Economy*. London: Pinter.

Kaldor, M. (1998) *New and Old Wars*. Cambridge: Polity.

Kapstein, E. B. (1994) *Governing the Global Economy: International Finance and the State*. Cambridge, Mass.: Harvard University Press.

Kaul, I., Grunberg, I. and Stern, M. (eds) (1999) *Global Public Goods: International Cooperation in the Twenty-First Century*. Oxford: Oxford University Press.

Keck, M. and Sikkink, K. (1998) *Activists beyond Borders*. New York: Cornell University Press.

Kennedy, P., Messner, D. and Nuscheler, F. (2002) *Global Trends and Global Governance*. London: Pluto Press.

Keohane, R. O. (1984) *After Hegemony*. Princeton: Princeton University Press.

Keohane, R. O. (1995) Hobbes's dilemma and institutional change in world politics: sovereignty in international society. In H.-H. Holm and G. Sorensen (eds), *Whose World Order?* Boulder: Westview Press.

Keohane, R. O. (1998) International institutions: can interdependence work? *Foreign Policy* (Spring).

Keohane, R. O. and Milner, H. V. (eds) (1996) *Internationalization and Domestic Politics*. Cambridge: Cambridge University Press.

Keohane, R. O. and Nye, J. S. (1972) *Transnational Relations and World Politics*. Cambridge, Mass.: Harvard University Press.

Keohane, R. and Nye, J. (1977) *Power and Interdependence*. Boston: Little, Brown.

Klein, N. (2000) *No Logo*. London: Flamingo.

Kofman, E. and Youngs, G. (eds) (1996) *Globalization: Theory and Practice*. London: Pinter.

Korten, D. C. (1995) *When Corporations Ruled the World*. Hartford: Kumerian Press.

Krasner, S. D. (1985) *Structural Conflict: The Third World against Global Liberalism*. Los Angeles: University of California Press.

Krasner, S. D. (1993) Economic interdependence and independent statehood. In R. H. Jackson and A. James (eds), *States in a Changing World*, Oxford: Oxford University Press.

Krasner, S. D. (1995) Compromising Westphalia. *International Security* 20(3).

Krugman, P. (1994) Does third world growth hurt first world prosperity? *Harvard Business Review* (July).

Krugman, P. (1995) Growing world trade: causes and consequences. *Brookings Papers on Economic Activity*, no. 1.

Ku, C. (2001) Global governance and the changing face of international law. The 2001 John W. Holmes Memorial Lecture, prepared for delivery at the annual meeting of the Academic Council in the United Nations System, 16–18 June, Puebla, Mexico. *ACUNS Reports and Papers Series*, 2001, no. 2.

Lacey, R. and Danziger, D. (1999) *The Year 1000*. London: Little, Brown.

Landes, D. S. (1989) *The Wealth and Poverty of Nations*. New York: Norton.

Lawrence, R. (1996) *Single World, Divided Nations? International Trade and OECD Labor Markets*. Washington DC: Brookings Institution.

Leftwich, A. (2000) *States of Development*. Cambridge: Polity.

Liebes, T. and Katz, E. (1993) *The Export of Meaning: Cross-Cultural Readings of Dallas*. Cambridge: Polity.

Linklater, A. (1998) *The Transformation of Political Community*. Cambridge: Polity.

Lloyd, P. J. (1992) Regionalization and world trade. *OECD Economics Studies* 18 (Spring).

Locke, J. (1963) *Two Treatises of Government* (1690). Cambridge: Cambridge University Press.

Long, P. (1995) The Harvard School of Liberal International Theory: the case for closure. *Millennium* 24(3).

Luttwak, E. (1999) *Turbo-Capitalism*. New York: Basic Books.

McGrew, A. G. (1992) Conceptualizing global politics. In McGrew et al. 1992.

McGrew, A. G. (ed.) (1997) *The Transformation of Democracy? Globalization and Territorial Democracy*. Cambridge: Polity.

McGrew, A. (2001) Making globalization work for the poor: the European contribution. Seminar paper, Swedish Ministry of Foreign Affairs.

McGrew, A. (2002) Between two worlds: Europe in a globalizing era. *Government and Opposition* 37(3) (Summer).

McGrew, A. G. et al. (1992) *Global Politics*. Cambridge: Polity.

MacIntyre, A. (1981) *After Virtue*. London: Duckworth.

MacIntyre, A. (1988) *Whose Justice? Which Rationality?* London: Duckworth.

McLuhan, M. (1964) *Understanding Media: The Extension of Man*. London: Routledge and Kegan Paul.

Maddison, A. (2001) *The World Economy: A Millennial Perspective*. Paris: OECD Development Studies Centre.

Mann, M. (1986) *The Sources of Social Power*, vol. 1: *A History of Power from the Beginning to AD 1760*. Cambridge: Cambridge University Press.

Mann, M. (1987) Ruling strategies and citizenship. *Sociology* 21(3).

Mann, M. (1997) Has globalization ended the rise and rise of the nation-state? *Review of International Political Economy* 4(3).

Massey, D. and Jess, P. (eds) (1995) *A Place in the World? Culture, Places and Globalization*. Oxford: Oxford University Press.

Mazlish, B. and Buultjens, R. (eds) (1993) *Conceptualizing Global History*. Boulder: Westview Press.

Mearsheimer, J. (1994) The false promise of international institutions. *International Organization* 19: 5–49.

Meyrowitz, J. (1985) *No Sense of Place.* Oxford: Oxford University Press.

Miller, D. (1988) The ethical significance of nationality. *Ethics* 98(4).

Miller, D. (1992) The young and the restless in Trinidad: a case of the local and the global in mass consumption. In R. Silverstone and E. Hirsch (eds), *Consuming Technology*, London: Routledge.

Miller, D. (1995) *On Nationality.* Oxford: Oxford University Press.

Miller, D. (1999) Justice and inequality. In A. Hurrell and N. Woods (eds), *Inequality, Globalization and World Politics,* Oxford: Oxford University Press.

Milner, H. V. (1997) *Interests, Institutions and Information: Domestic Politics and International Relations.* Princeton: Princeton University Press.

Mitrany, D. (1975) The progress of international government (1932). In P. Taylor (ed.), *The Functional Theory of Politics,* London: LSE/Martin Robertson.

Mittleman, J. H. (2000) *The Globalization Syndrome.* Princeton: Princeton University Press.

Modelski, G. (1972) *Principles of World Politics.* New York: Free Press.

Morgenthau, H. J. (1948) *Politics among Nations.* New York: Knopf.

Morse, E. (1976) *Modernization and the Transformation of International Relations.* New York: Free Press.

Mueller, J. (1989) *Retreat from Doomsday: The Obsolescence of Major War.* New York: Basic Books.

Murphy, C. N. (2000) Global governance: poorly done and poorly understood. *International Affairs* 76(4).

Neal, L. (1985) Integration of international capital markets. *Journal of Economic History* 45 (June).

Nierop, T. (1994) *Systems and Regions in Global Politics.* London: John Wiley.

Norris, P. (2000) Global governance and cosmopolitan citizens. In J. S. Nye and J. D. Donahue (eds), *Governance in a Globalizing World,* Washington DC: Brookings Institution Press.

Nozick, R. (1974) *Anarchy, State and Utopia.* Oxford: Blackwell.

Nye, J. S. (1990) *Bound to Lead.* New York: Basic Books.

Nye, J. S. (2002) *The Paradox of American Power.* Oxford: Oxford University Press.

O'Brien, R. (1992) *The End of Geography: Global Financial Integration.* London: Pinter.

OECD (1997) *Communications Outlook.* Paris: Organization for Economic Cooperation and Development.

Offe, C. (1985) *Disorganized Capitalism.* Cambridge: Polity.

Ohmae, K. (1990) *The Borderless World*. London: Collins.

Ohmae, K. (1995) *The End of the Nation State*. New York: Free Press.

O'Neill, O. (1991) Transnational justice. In Held 1991.

Parekh, B. (1989) Between holy text and moral word. *New Statesman*, 23 Mar.

Pauly, L. W. (1997) *Who Elected the Bankers?* New York: Cornell University Press.

Perlmutter, H. V. (1991) On the rocky road to the first global civilization. *Human Relations* 44(9).

Perraton, J. (2001) The global economy: myths and realities. *Cambridge Journal of Economics* 25(5).

Perraton, J., Goldblatt, D., Held, D. and McGrew, A. (1997) The globalization of economic activity. *New Political Economy* 2 (Spring).

Petras, J. and Veltmeyer, H. (2001) *Globalization Unmasked: Imperialism in the 21st Century*. London: Zed Books.

Pieper, U. and Taylor, L. (1998) The revival of the liberal creed: the IMF, the World Bank and inequality in a globalized economy. In D. Baker, G. Epstein and R. Podin (eds), *Globalization and Progressive Economic Policy*, Cambridge: Cambridge University Press.

Piore, M. and Sabel, C. (1984) *The Second Industrial Divide*. New York: Basic Books.

Pogge, T. W. (2001) Priorities of global justice. In T. W. Pogge (ed.), *Global Justice*, Oxford: Blackwell.

Poggi, G. (1978) *The Development of the Modern State*. London: Hutchinson.

Porter, M. (1990) *The Competitive Advantage of Nations*. London: Macmillan.

Potter, D., Goldblatt, D., Kiloh, M. and Lewis, P. (eds) (1997) *Democratization*. Cambridge: Polity.

Reich, R. (1991) *The Work of Nations*. New York: Simon and Schuster.

Reinicke, W. (1999) The other world wide web: global public policy networks. *Foreign Policy* (Winter).

Rheingold, H. (1995) *The Virtual Community*. London: Mandarin.

Rieger, E. and Liebfried, S. (1998) Welfare limits to globalization. *Politics and Society* 26(3).

Roberts, S. M. (1998) Geo-governance in trade and finance and political geographies of dissent. In Herod, Tuathail and Roberts 1998.

Robertson, R. (1992) *Globalization: Social Theory and Global Culture*. London: Sage.

Robins, K. (1991) Tradition and translation. In J. Corner and S. Harvey (eds), *Enterprise and Heritage: Crosscurrents of National Politics*, London: Routledge.

Rodrik, D. (1997) *Has Globalization Gone Too Far?* Washington DC: Institute for International Economics.

Rosenau, J. N. (1990) *Turbulence in World Politics*. Brighton: Harvester Wheatsheaf.

Rosenau, J. N. (1997) *Along the Domestic-Foreign Frontier*. Cambridge: Cambridge University Press.

Rowthorn, R. and Wells, J. (1987) *De-industrialization and Foreign Trade*. Cambridge: Cambridge University Press.

Ruggie, J. (1993a) Territoriality and beyond. *International Organization* 41(1).

Ruggie, J. (ed.) (1993b) *Multilateralism Matters*. New York: Columbia University Press.

Rugman, A. (2001) *The End of Globalization*. New York: Random House.

Ruigrok, W. and Tulder, R. V. (1995) *The Logic of International Restructuring*. London: Routledge.

Russett, B. (1993) *Grasping the Democratic Peace: Principles for a Post-Cold War World*. Princeton: Princeton University Press.

Sandel, M. (1996) *Democracy's Discontent*. Cambridge, Mass.: Harvard University Press.

Sandholtz, W. et al. (1992) *The Highest Stakes*. Oxford: Oxford University Press.

Sassen, S. (1996) *Losing Control? Sovereignty in an Age of Globalization*. New York: Columbia University Press.

Scharpf, F. (1991) *Crisis and Choice in European Social Democracy*. New York: Cornell University Press.

Scharpf, F. (1999) *Governing in Europe: Effective and Democratic?* Oxford: Oxford University Press.

Scholte, J. A. (1993) *International Relations of Social Change*. Buckingham: Open University Press.

Scholte, J. A. (1997) Global capitalism and the state. *International Affairs* 73(3) (July).

Shaw, M. (1994) *Global Society and International Relations*. Cambridge: Polity.

Shaw, M. (1997) The state of globalization: towards a theory of state transformation. *Review of International Political Economy* 4(3).

Shell, G. R. (1995) Trade legalism and international relations theory: an analysis of the WTO. *Duke Law Journal* 44(5).

Silverstone, R. (2001) Finding a voice: minorities, media and the global commons. *Emergences* 11(1).

Skinner, Q. (1978) *The Foundations of Modern Political Thought*, vol. 2. Cambridge: Cambridge University Press.

Skinner, Q. (1989) The state. In T. Ball, J. Farr and R. L. Hanson (eds), *Political Innovation and Conceptual Change*, Cambridge: Cambridge University Press.

Sklair, L. (2001) *The Transnational Capitalist Class*. Oxford: Blackwell.

Slater, D. (1995) Challenging Western visions of the global: the geopolitics of theory and North-South relations. *European Journal of Development Research* 7(2).

Slaughter, A.-M. (2000) Governing the global economy through government networks. In M. Byers (ed.), *The Role of Law in International Politics*, Oxford: Oxford University Press.

Smith, A. D. (1986) *The Ethnic Origins of Nations.* Oxford: Blackwell.

Smith, A. D. (1990) Towards a global culture? In M. Featherstone (ed.), *Global Culture: Nationalism, Globalization and Modernity*, London: Sage.

Smith, A. D. (1995) *Nations and Nationalism in a Global Era.* Cambridge: Polity.

Smith, S. (1987) Reasons of state. In D. Held and C. Pollitt (eds), *New Forms of Democracy*, London: Sage.

Sterling, R. W. (1974) *Macropolitics: International Relations in a Global Society.* New York: Knopf.

Strange, S. (1983) Cave! Hic dragones: a critique of regime analysis. In S. Krasner (ed.), *International Regimes*, Ithaca: Cornell University Press.

Strange, S. (1996) *The Retreat of the State.* Cambridge: Cambridge University Press.

Swank, D. (2002) *Global Capital, Political Institutions, and Policy Change in Developed Welfare States.* Cambridge: Cambridge University Press.

Tamir, Y. (1993) *Liberal Nationalism.* Princeton: Princeton University Press.

Tanzi, V. (2001) Globalization without a net. *Foreign Policy* 125.

Teubner, G. (ed.) (1997) *Global Law without a State.* Aldershot: Dartmouth.

Therborn, G. (1977) The rule of capital and the rise of democracy. *New Left Review*, series I, no. 103.

Thomas, C. (1997) Poverty, development and hunger. In J. Baylis, and S. Smith (eds), *The Globalization of World Politics*, Oxford: Oxford University Press.

Thomas, C. (2000) *Global Governance, Development and Human Security.* London: Pluto Press.

Thompson, G. (1998a) Globalization versus regionalism? *Journal of North African Studies* 3(2).

Thompson, G. (1998b) International competitiveness and globalization. In T. Baker and J. Köhler (eds), *International Competitiveness and Environmental Policies*, Brighton: Edward Elgar.

Thompson, G. and Allen, J. (1997) Think global and then think again: economic globalization in context. *Area* 29(3).

Thompson, J. (1998) Community identity and world citizenship. In Archibugi, Held and Köhler 1998.

Thompson, J. B. (1990) *Ideology and Modern Culture.* Cambridge: Polity.

Thompson, J. B. (1995) *The Media and Modernity.* Cambridge: Polity.

Thompson, K. W. (1994) *Fathers of International Thought: The Legacy of Political Theory.* Baton Rouge: Louisiana State University Press.

Tilly, C. (ed.) (1975) *The Formation of National States in Western Europe.* Princeton: Princeton University Press.

Turner, B. S. (1986) *Citizenship and Capitalism.* London: Allen and Unwin.

Tyson, L. (1991) They are not us: why American ownership still matters. *American Prospect* (Winter).

UNCTAD (1998a) *The Least Developed Countries 1998.* Geneva: UN Conference on Trade and Development.

UNCTAD (1998b) *Trade and Development Report 1998.* Geneva: UN Conference on Trade and Development.

UNCTAD (1998c) *World Investment Report 1998.* Geneva: UN Conference on Trade and Development.

UNCTAD (2001) *World Investment Report 2001.* Geneva: UN Conference on Trade and Development.

UNDP (1997) *Human Development Report 1997.* New York: Oxford University Press.

UNDP (1998) *Globalization and Liberalization.* New York: Oxford University Press.

UNDP (1999) *Globalization with a Human Face: UN Human Development Report 1999.* New York: Oxford University Press.

UNDP (2001) *Human Development Report: Making Technology Work for Human Development.* New York: Oxford University Press.

UNESCO (1950) *World Communications Report.* Paris: United Nations Educational, Scientific and Cultural Organization.

UNESCO (1986) *International Flows of Selected Cultural Goods.* Paris: United Nations Educational, Scientific and Cultural Organization.

UNESCO (1989) *World Communications Report.* Paris: United Nations Educational, Scientific and Cultural Organization.

Union of International Associations (2001) *Yearbook of International Organizations 2001/2002,* vol. 1B (Int–Z). Munich: K. G. Saur.

Van der Pijl, K. (1999) *Transnational Classes and International Relations.* London: Routledge.

Wade, R. (1990) *Governing the Market: Economic Theory and the Role of Government in East Asian Industrialization.* Princeton: Princeton University Press.

Wade, R. (2001a) Inequality of world incomes: what should be done? www.openDemocracy.net.

Wade, R. (2001b) Winners and losers. *The Economist,* 28 April: 93–7.

Wade, R. and Wolf, M. (2002) Are global poverty and inequality getting worse? *Prospect* 72: 16–21.

Walker, R. B. J. (1994) *Inside/Outside*. Cambridge: Cambridge University Press.

Wallace, W. (1999) The sharing of sovereignty: the European paradox. *Political Studies*, 47(3), special issue.

Wallerstein, I. (1974) *The Modern World System*. New York: Academic Press.

Walters, A. (1993) *World Power and World Money*. Brighton: Harvester.

Waltz, K. (1979) *The Theory of International Politics*. New York: Addison-Wesley.

Walzer, M. (1983) *Spheres of Justice: A Defence of Pluralism and Equality*. Oxford: Martin Robertson.

Watson, M. (2001) International capital mobility in an era of globalization. *Politics* 21(2).

Weiss, L. (1998) *State Capacity: Governing the Economy in a Global Era*. Cambridge: Polity.

Wight, M. (1986) *Power Politics*, 2nd edn. London: Penguin.

Wolf, M. (2001) The view from the limousine. *Financial Times*, 7 Nov.

Wolf, M. (2002) Countries still rule the world. *Financial Times*, 6 Feb.

Wood, A. (1994) *North-South Trade, Employment and Inequality*. Oxford: Oxford University Press.

Woods, N. (1999) Order, globalization and inequality in world politics. In A. Hurrell and N. Woods (eds), *Inequality, Globalization and World Politics*, Oxford: Oxford University Press.

World Bank (2001a) *Poverty in the Age of Globalization*. Washington DC: World Bank.

World Bank (2001b) *World Development Indicators Database*. Washington DC: World Bank.

Yergin, D. A. and Stanislaw, J. (1998) *The Commanding Heights*. New York: Simon and Schuster.

Young, O. (1972) The actors in world politics. In J. Rosenau, V. Davis and M. East (eds), *The Analysis of International Politics*, New York: Cornell University Press.

Zacher, M. (1992) The decaying pillars of the Westphalian temple. In J. N. Rosenau and O. E. Czempiel (eds), *Governance without Government*, Cambridge: Cambridge University Press.

Zevin, R. (1992) Are world financial markets more open? In T. Banuri and J. B. Schor (eds), *Financial Openness and National Autonomy*, Oxford: Oxford University Press.

Zürn, M. (1995) The challenge of globalization and individualization. In H.-H. Holm and G. Sorensen (eds), *Whose World Order?* Boulder: Westview Press.

全球化與反全球化

作　者 / David Held & Anthony McGrew 著

譯　者 / 林祐聖、葉欣怡

編　輯 / 黃碧釧

出 版 者 / 弘智文化事業有限公司

登 記 證 / 局版台業字第 6263 號

地　　址 / 台北市大同區民權西路 118 巷 15 弄 3 號 7 樓

網　　路 / www.honz-book.com.tw

E-mail / hurngchi@ms39.hinet.net

電　　話 /（02）2557-5685・0921-121621・0932-321711

傳　　真 /（02）2557-5383

發 行 人 / 邱一文

郵政劃撥 / 19467647　　戶名 / 馮玉蘭

書 店 經 銷 / 旭昇圖書有限公司

地　　址 / 台北縣中和市中山路 2 段 352 號 2 樓

電　　話 /（02）22451480

傳　　真 /（02）22451479

製　　版 / 信利印製有限公司

版　　次 / 2005 年 3 月初版一刷

定　　價 / 新台幣 250 元

弘智文化出版品進一步資訊歡迎至網站瀏覽：
http://www.honz-book.com.tw

ISBN　957-0453-89-3

本書如有破損、缺頁、裝訂錯誤，請寄回更換！

國家圖書館出版品預行編目資料

全球化與反全球化 / David Held, Anthony
　McGrew 著；林祐聖, 葉欣怡譯. -- 初版. --
臺北市：弘智文化, 2005[民 94]
　面；　公分
參考書目：面
譯自：Globalization/anti-globalization
ISBN 957-0453-89-3(平裝)

1. 社會變遷 2. 社會主義

541.4　　　　　　　　　　　　92016073

弘智文化價目表

弘智文化出版品進一步資訊歡迎至網站瀏覽：honz-book.com.tw

書　名	定　價	書　名	定　價
社會心理學（第三版）	700	生涯規劃：掙脫人生的三大枷桎	250
教學心理學	600	心靈塑身	200
生涯諮商理論與實務	658	享受退休	150
健康心理學	500	婚姻的轉捩點	150
金錢心理學	500	協助過動兒	150
平衡演出	500	經營第二春	120
追求未來與過去	550	積極人生十撇步	120
夢想的殿堂	400	賭徒的救生圈	150
心理學：適應環境的心靈	700		
兒童發展	出版中	生產與作業管理（精簡版）	600
為孩子做正確的決定	300	生產與作業管理（上）	500
認知心理學	出版中	生產與作業管理（下）	600
照護心理學	390	管理概論：全面品質管理取向	650
老化與心理健康	390	組織行為管理學	800
身體意象	250	國際財務管理	650
人際關係	250	新金融工具	出版中
照護年老的雙親	200	新白領階級	350
諮商概論	600	如何創造影響力	350
兒童遊戲治療法	500	財務管理	出版中
認知治療法概論	500	財務資產評價的數量方法一百問	290
家族治療法概論	出版中	策略管理	390
婚姻治療法	350	策略管理個案集	390
教師的諮商技巧	200	服務管理	400
醫師的諮商技巧	出版中	全球化與企業實務	900
社工實務的諮商技巧	200	國際管理	700
安寧照護的諮商技巧	200	策略性人力資源管理	出版中
		人力資源策略	390

書　名	定價		書　名	定價
管理品質與人力資源	290		社會學：全球性的觀點	650
行動學習法	350		紀登斯的社會學	出版中
全球的金融市場	500		全球化	300
公司治理	350		五種身體	250
人因工程的應用	出版中		認識迪士尼	320
策略性行銷（行銷策略）	400		社會的麥當勞化	350
行銷管理全球觀	600		網際網路與社會	320
服務業的行銷與管理	650		立法者與詮釋者	290
餐旅服務業與觀光行銷	690		國際企業與社會	250
餐飲服務	590		恐怖主義文化	300
旅遊與觀光概論	600		文化人類學	650
休閒與遊憩概論	600		文化基因論	出版中
不確定情況下的決策	390		社會人類學	390
資料分析、迴歸、與預測	350		血拼經驗	350
確定情況下的下決策	390		消費文化與現代性	350
風險管理	400		肥皂劇	350
專案管理師	350		全球化與反全球化	250
顧客調查的觀念與技術	450		身體權力學	320
品質的最新思潮	450			
全球化物流管理	出版中		教育哲學	400
製造策略	出版中		特殊兒童教學法	300
國際通用的行銷量表	出版中		如何拿博士學位	220
組織行為管理學	800		如何寫評論文章	250
許長田著「行銷超限戰」	300		實務社群	出版中
許長田著「企業應變力」	300		現實主義與國際關係	300
許長田著「不做總統，就做廣告企劃」	300		人權與國際關係	300
許長田著「全民拼經濟」	450		國家與國際關係	300
許長田著「國際行銷」	580			
許長田著「策略行銷管理」	680		統計學	400

書　名	定價		書　名	定價
類別與受限依變項的迴歸統計模式	400		政策研究方法論	200
機率的樂趣	300		焦點團體	250
			個案研究	300
策略的賽局	550		醫療保健研究法	250
計量經濟學	出版中		解釋性互動論	250
經濟學的伊索寓言	出版中		事件史分析	250
			次級資料研究法	220
電路學（上）	400		企業研究法	出版中
新興的資訊科技	450		抽樣實務	出版中
電路學（下）	350		十年健保回顧	250
電腦網路與網際網路	290			
應用性社會研究的倫理與價值	220		**書僮文化價目表**	
社會研究的後設分析程序	250			
量表的發展	200		台灣五十年來的五十本好書	220
改進調查問題：設計與評估	300		２００２年好書推薦	250
標準化的調查訪問	220		書海拾貝	220
研究文獻之回顧與整合	250		替你讀經典：社會人文篇	250
參與觀察法	200		替你讀經典：讀書心得與寫作範例篇	230
調查研究方法	250			
電話調查方法	320		生命魔法書	220
郵寄問卷調查	250		賽加的魔幻世界	250
生產力之衡量	200			
民族誌學	250			